教育部人文社科青年项目14YJC7990033：
网络背景下互联网产业组织与政府规制研究

教育部重大攻关项目14JZD021：
进一步扩大服务业开放的模式和路径研究

傅瑜 申明浩 ◎ 著

零距离时代
互联网商业模式变革与产业生态重塑

ZERO
DISTANCE ERA
Internet Business Model and Industrial Ecology

中国财经出版传媒集团
经济科学出版社
Economic Science Press

图书在版编目（CIP）数据

零距离时代：互联网商业模式变革与产业生态重塑/傅瑜，申明浩著．—北京：经济科学出版社，2017.12

ISBN 978-7-5141-8981-0

Ⅰ.①零… Ⅱ.①傅…②申… Ⅲ.①网络营销-商业模式-研究 Ⅳ.①F713.36

中国版本图书馆 CIP 数据核字（2018）第 011071 号

责任编辑：李　雪
责任校对：郑淑艳
版式设计：齐　杰
责任印制：邱　天

零距离时代
——互联网商业模式变革与产业生态重塑
傅　瑜　申明浩　著
经济科学出版社出版、发行　新华书店经销
社址：北京市海淀区阜成路甲 28 号　邮编：100142
总编部电话：010-88191217　发行部电话：010-88191522
网址：www.esp.com.cn
电子邮件：esp@esp.com.cn
天猫网店：经济科学出版社旗舰店
网址：http://jjkxcbs.tmall.com
北京季蜂印刷有限公司印装
710×1000　16 开　16 印张　230000 字
2018 年 4 月第 1 版　2018 年 4 月第 1 次印刷
ISBN 978-7-5141-8981-0　定价：66.00 元
（图书出现印装问题，本社负责调换。电话：010-88191510）
（版权所有　侵权必究　举报电话：010-88191586
电子邮箱：dbts@esp.com.cn）

互联网的过往与序章

为《零距离时代——互联网商业模式变革与产业生态重塑》序

巴曙松[*]

互联网正在深刻地改变着我们的经济体系,无论是微观企业的运行,还是商业模式的变迁,或者是消费者的行为,以及产业组织和宏观经济波动,都程度不同地受到其影响。站在当下,向前眺望,互联网究竟会把我们的经济体系带往何方,或许还并不清晰;这个时候,回顾来路,总结互联网已经产生的影响,探寻其背后的逻辑与趋势,就显得更有必要。

莎士比亚有一句名言:凡是过往,皆成序章。过去的,确实是已经过去了,但是过去的人和事,又会成为下一步发展的线索和基础,成为掀开新的一页的序章。从这个意义上说,只有更好地梳理清楚互联网的过往,才能更好地解开互联网下一步发展的新的序章。

《零距离时代——互联网商业模式变革与产业生态重塑》一书的重点,就是试图总结互联网对企业和消费者的影响,尝试从BAT等互联网巨擘的案例分析着手,上升到商业模式高度,以求

---

[*] 巴曙松教授,中国银行业协会首席经济学家,中国"十三五"发展规划专家委员会委员。

探索互联网行业发展规律和竞争法则。

　　作者从历史和全局视野俯视产业的发展趋势，梳理了大航海时代、铁路时代和信息时代的关键传输技术变革带来大范围的产业和消费革命的历程，剖析了中国互联网革命与海外成熟市场的差异，并对外资互联网巨头为什么容易在中国市场失败的魔咒给出了尝试性的回答，总结了中国互联网企业成功的经验和模式，并尝试用商业模式、产业组织和规制理论等进行一般意义上的理论总结。

　　作者从产业生态圈和竞争力的角度定义了互联网商业模式，并从商业创意、产品黏性等六个维度开发了互联网产品竞争的"水晶模型"，并以此解释和验证BAT在搜索、电商和即时通信领域胜出的主要原因，对互联网另外出现的不少新的现象和案例有较强的解释力。

　　本书分析了互联网市场结构问题，创新性地提出了单寡头竞争性垄断市场结构。在互联网发展的进程中，自由进入的环境、快速的技术和商业模式创新、特殊的定价模式导致互联网市场的包容性竞争，垄断在竞争中产生，又在竞争中被打破，周而复始推动互联网产业的高速发展。作者指出单寡头竞争性垄断结构本身并不会妨碍竞争效率，且这种结构不会因为拆分垄断企业而消除，拆分在位垄断者的结果往往只会是企业被拆分，单寡头依旧会出现，这是由互联网平台市场的特性决定的。本书为互联网反垄断诉讼给出了理论解释，而且还给出了评价互联网产业市场绩效和互联网企业在资本市场估值的新方法。

　　本书特别强调了互联网等外部形势的变化，促使企业战略随之调整，进而改变产品格局和组织结构。越是变革的时代，越需要对战略格局的把控；而互联网所具有的开放性，恰恰为探索更大的市场拓展和战略框架提供了可能。正如书中所说："拥有大的战略格局的创业者，在产品规划、设计的各阶段都努力使自己的产品、技术和服务具有广泛的开放性、通用性、可扩展性等，才最终使这些公司得以开拓无限的潜在市场，吸引广泛的互联网用户，最终成就伟大的事业。"这当然有创业者的眼光，但是同样重要的是互联网所创造的巨大开放平台和市场空间。

互联网的发展，也使得立足于实践和市场探索基础上的战略定位和专业研究变得更为重要。互联网时代的一家公司要想持续取得骄人的业绩，就必须要有适应互联网时代的宽阔视野，促使公司不再仅关注自身的业务，而是要同时从企业、产业和宏观的多个维度来研判自身、行业与整个经济运行。"不谋万世者，不足谋一时；不谋全局者，不足谋一域"在互联网时代得到了更为贴切的体现。我们也可以看到，越来越多的互联网公司开始招募专业的经济学家，来推动这种全局的、长期性的、理论与实践相结合的研究和思考。2002年，哈尔·范里安还只是谷歌公司的一名顾问，但到了2007年，他成为谷歌的首席经济学家，并为谷歌贡献了许多富有远见的战略判断，实质性地提升了谷歌的竞争力。互联网推动的这种新的产业趋势，也必然会使学术界和企业界走得更近。在学术界，企业在互联网条件下积累的大量数据为学者研究从财富分配到产业组织的一系列问题提供了新的工具与广阔的空间。在企业界，谷歌、微软、脸书、Uber等科技企业也正在招募经济学家等研究界专家。

从这个意义上说，本书也是研究界和企业界合作的成果，试图从理论与实践相结合的角度，从目前的互联网发展中展望互联网的发展趋势和产业生态的新变化，也可以说，是为了更好地掀开新的"序章"之前，先要深入地梳理互联网走过的"过往"。因此，我愿意将这部作品推荐给大家，也希望有更多关于互联网的深入研究成果涌现。

是为序。

巴曙松
2017年11月16日

目录

第一章　从船运到网运：传输革命推动市场革命 / 1

　　一、航海革命：海上贸易时代的新纪元 / 2

　　二、铁路革命：美国西进与德国统一 / 2

　　三、互联网通信革命：距离为零，世界变平了 / 4

第一部分　互联网法则与竞争模式

第二章　中国互联网市场的外资魔咒 / 11

　　一、共有特征 / 12

　　二、国际通行而中国缺乏的特征 / 15

　　三、外资水土不服的中国特征 / 19

第三章　互联网四大法则与四大定律 / 23

　　一、互联网市场存在四大法则 / 23

　　二、互联网市场存在的四大定律 / 24

第四章　中国互联网常见的竞争模式 / 29

　　一、"囚徒困境"：极致版价格战 / 29

二、多元化经营"跑马圈地" / 32
三、向谁收费：双边市场与单边收费 / 32
四、怎么收费：歧视性定价模式 / 34
五、差异化破解"囚徒困境" / 35
六、产融结合：插上互联网金融的翅膀 / 37
七、产业链整合模式 / 39

第二部分 "水晶体系"六要素模型
——互联网竞争优势的来源

第五章 "水晶体系"商业模式的逻辑与定义 / 43
一、商业模式的逻辑 / 43
二、互联网商业模式的定义 / 44
三、"水晶体系"六要素模型 / 45

第六章 商业创意：企业的起源 / 48
一、创造性思维铸就伟大的企业 / 48
二、企业家眼光和格局影响成败 / 50
三、产业链定位——赚快钱还是做平台 / 51

第七章 产品黏性：赢者得多数的关键 / 53
一、内容为王——门户时代 / 54
二、功能制胜——搜索之王 / 54
三、社交网络——迈向Web2.0时代 / 55
四、市场的黏性——电商魔力 / 56

第八章 资源整合：必备的生产要素 / 57

一、制度资本——被动国际化的塞翁失马 / 57

二、人力资本——企业的核心资产 / 58

三、货币资本——燃料还是方向盘 / 59

四、社会资本——创业软环境的集聚力 / 60

第九章 产品体验：满足需求无止境 / 61

一、易用性——吸引大众消费者的根本 / 61

二、响应时间与延迟——伊贝折戟中国的原因 / 62

三、参与度——成就"小米"的法宝 / 62

四、愉悦度——QQ制胜之道 / 63

第十章 用户基数：开启网络效应的钥匙 / 65

一、目标用户定位——支持达到临界容量的用户基数 / 65

二、临界容量——企业成长的最小规模 / 66

三、正反馈机制 / 68

第十一章 盈利模式：可持续增长的基石 / 70

一、成本结构——信息产品和共用品特征 / 70

二、收入模型——按照支付意愿和双边市场定价 / 71

三、盈利方式——直接收费和间接收费 / 72

第十二章 互联网企业生命周期："水晶体系"的运行机理 / 73

一、企业初创期——创业团队与资本的融合 / 74

二、企业成长期——启动网络效应 / 76

三、企业发展期——开发盈利模式是关键 / 77

四、企业规模期——团队创新与激励的平衡 / 77

第三部分　互联网重构商业生态系统与企业竞争策略

第十三章　互联网的商业生态系统 / 83
　　一、平台效应 / 85
　　二、多厂商共生生态系统 / 87
　　三、创新驱动竞争与垄断相伴相生 / 88

第十四章　平台厂商构造网络生态系统 / 90
　　一、商业网络系统——阿里电商的全产业链 / 90
　　二、社交网络系统——为什么只有腾讯一枝独秀？ / 92
　　三、信息网络系统——信息流量的渠道和体系 / 93
　　四、O2O 生态圈系统——服务性消费革命 / 94

第十五章　长尾效应下多厂商进入的高度竞争现象 / 97
　　一、多元化需求导致产品空间高度分散 / 97
　　二、零距离使小众需求聚合成统一大市场 / 99
　　三、长尾效应下大众创业新趋势 / 100

第十六章　免费模式与差别化定价 / 103
　　一、"免费+增值服务"策略 / 104
　　二、单边收费模式 / 104

第十七章　捆绑策略：差别化定价的重要销售机制 / 106
　　一、互补品+不相关产品的捆绑——产业空间扩张 / 107
　　二、替代品的捆绑——时间扩张 / 108

第十八章　产品差异化与快速模仿策略 / 112

一、产品差异化策略：产品体验与营销活动差异 / 112

二、快速模仿：市场导向的研发占优策略 / 113

第四部分　BAT 垄断了吗？

第十九章　法学 vs. 经济学
——为什么欧盟诉谷歌案耗时 7 年 / 119

一、反垄断法实施的前提 / 119

二、互联网市场反垄断法实施的争议 / 120

三、全球互联网反垄断案例 / 121

第二十章　"单寡头竞争性垄断"市场结构的出现
——用数据说话 / 124

一、单寡头竞争性垄断结构的出现 / 124

二、新经济的五种市场结构 / 127

第二十一章　竞争性垄断成因
——互联网经济的本质 / 129

一、新供给方规模经济 / 129

二、网络效应的经济原理 / 130

三、双重规模经济＝单寡头垄断 / 131

四、锁定效应 / 132

五、竞争来源：科技应用＋商业模式创新＋全球化市场 / 134

第二十二章　反垄断，反什么？ / 135

一、美国反垄断史 / 135

二、反垄断，反什么？ / 136

第五部分　中国互联网产业的市场绩效评价

第二十三章　工业时代的标准无法适应新经济 / 141
一、勒纳指数与贝恩指数的无效 / 141
二、网络效应与双边市场的特殊性 / 142
三、互联网盈利模式的复杂性 / 143

第二十四章　互联网产业市场绩效衡量新标准 / 145
一、消费者福利 / 145
二、市场成长空间 / 147
三、进入退出壁垒 / 148
四、创业与创新 / 149
五、对传统产业的影响 / 150

第二十五章　捆绑和快速模仿需要规制吗 / 152
一、捆绑是把"双刃剑"：兼容性与竞争性的权衡 / 152
二、快速模仿与协调退出问题 / 153

第二十六章　互联网企业的估值 / 154
一、互联网平台高估值背后的逻辑 / 154
二、对互联网企业市场估值的认知：与传统企业的不同 / 157
三、什么决定了互联网企业的市场估值 / 158

第六部分　未来世界：零距离社会与人工智能时代

第二十七章　零距离社会与商业世界 / 171
一、距离为零的社会 / 171

二、未来的商业世界 / 172
　　三、下一代的组织与管理 / 175

第二十八章　人工智能时代：未来正在开启 / 185
　　一、人工智能：蓄势待发 / 185
　　二、"AI+"将成为普遍的商业模式 / 190
　　三、人类社会进化：通往未来的阶梯 / 197

第七部分　互联网经济学理论、模型与实证检验

第二十九章　中国互联网企业竞争行为模型 / 201
　　一、模型的基本假定前提 / 201
　　二、拓展的豪泰林模型 / 203

第三十章　中国互联网市场结构实证检验 / 210
　　一、平稳性检验 / 210
　　二、协整检验 / 212

附录　名词解释 / 214
　　网络产业 / 214
　　互联网平台企业 / 214
　　网络效应与网络外部性 / 215
参考文献 / 217
跋：时空之变，未来已来 / 235

第一章
从船运到网运：传输革命推动市场革命

滚滚长江东逝水，浪花淘尽英雄。不同时期的产业精英乘势而起，驻立浪潮之巅，也因势而衰，随波逐流。但什么才能造势，什么引领了产业革命浪潮，是什么力量把四分五裂的世界统一成全球市场的？

我们通常讲人类社会经历了三次工业革命：第一次工业革命人类进入蒸汽时代；第二次工业革命把人类带入电气时代；第三次工业革命把人类带入科技时代。但不为人所知的是，每次工业革命都伴随着传输工具的革命，而传输的革命对工业革命和市场的发展至关重要，恰恰是传输的革命把相互割裂的市场带入了统一的世界。人类的现代化进程中一共经历了三次传输革命：第一次是航海工具的革命，大大降低了航海的风险，提升了航海的效率，扩展了海上贸易，帮助人们进入大航海时代，发现了新大陆，开辟了广阔的世界市场；第二次是铁路革命，使人类第一次进入了有轨传输阶段，带动了钢铁等重化工业体系的大发展，推动了大陆国家经济崛起；第三次是互联网通信技术革命，把人类从有形的铁路、公路轨道带入无形的通信轨道，这次传输革命正在把世界抹平，随之产生的全球产业大分工和产业内贸易兴旺，推动了第三次产业转移浪潮，跨国公司纷纷把制造和服务环节放到劳动力成本低洼地带或有人力资本优势地带，中国和印度这两个文明古国再次焕发出蓬勃生机，融入了全球价值链体系中，成为世界工厂和世界办公室；这次革命的高潮是互联网时代，互联网商用化短短 30 年间，极大地影响了人类的生产和生活方式，在政治、经济、社会、文化等几乎所有领域都带来了极具颠覆性的改变，其显著地降低了空间和时间的距离效应，正在改造传统的产业和商务模式。

一、航海革命：海上贸易时代的新纪元

打开世界近代史，可以清楚地看到，首先是航海和商业推动的资本主义的发展。而市场的扩大则引起了蒸汽机和机器的发明，改进了生产方式，导致了工业革命。工业革命最早是航海时代的产物，18世纪的英国是运河发达、海港优良的小国，海上贸易是其立国之本，而航海的需要又推动了科学的新生。15~18世纪，海上经度的确定一直是科学技术界关注的中心问题，英法等国不惜巨资建立天文台并悬赏征求答案。经度问题产生了两个重大成果：①引燃了第一次科学革命：从哥白尼的太阳系到牛顿的经典力学，开启了人类现代社会和科学时代；②为技术革命奠定了基础：伽利略、惠更斯的摆钟到哈里逊的时计①，产生了近代机械的原型，促进了机械学的发展。②

这两项重大成果直接带来了第一次传输革命，航海工具从帆船走向汽船，没有经度的海上冒险走向有经度有时计的大航海时代，把海上贸易和运输导入了光明之路。之后伴随着美洲的发现，给新兴的资产阶级开辟了新的活动场所和新的广阔的市场。西班牙、葡萄牙、荷兰、英国相继成为航海时代的主角，然而19世纪中英国的科学技术革命达到顶点后，对新的传输工具的发展渐渐失去了动力，固守轻工业和机械工业的传统。英国最初对汽船和铁路的发展虽然一度领先，却不重视新兴的汽车、电器的发明，工厂集中化程度不高，半个世纪后就在第二次技术革命中丧失了优势。

二、铁路革命：美国西进与德国统一

中国山多地少，山地面积占2/3以上，平原面积仅1/10，且人口众多，

---

① ［美］达娃·索贝尔著，肖明波译. 经度：一个孤独的天才解决他所处时代最大难题的真实故事［M］. 上海人民出版社，2007.
② 陈平. 文明分岔、经济混沌和演化经济动力学［M］. 北京大学出版社，2004.

自古强调粮食生产为国家第一要务，长期处于自给自足的农业经济状态，对商品物流和传输的依赖很小，也没有动力去发展大规模生产和运输。但欧洲大陆和美国则不同，其面积与中国大体相当，但平原面积占二分之一以上，有利于大规模生产和运输。而大陆运输和航海运输不一样，需要新的更有效率的交通工具。19世纪中期，美国把铁路铺设作为其拓荒、移民和设厂的先导战略，美国铁路长度1850年为1.4万公里，1870年为8.6万公里，1900年达到31万公里，占全世界铁路总长的一半。尤其是全长3069公里的太平洋铁路（也叫横贯大陆铁路）这条大动脉的建成，大大促进了美国经济的发展以及西部的开发，为美国社会的融成一体提供了条件，奠定了美国工业现代化所需的市场统一的基石。市场统一后的美国在短短30年间就一跃成为头号工业经济强国。1894年美国工业跃居世界首位，1870年美国钢产量仅4万吨，1900年为1019万吨，1915年达3215万吨，超过了德、英、俄、法、日五国的总和。

在德国，以铁路为核心的传输革命不仅是工业发展的动力，而且是国家统一的战略举措。德国直到19世纪中还是分裂割据、工商落后、土壤贫瘠的城邦国。1806年拿破仑的大军不到一个月就消灭了苦心经营的普鲁士军队，成为德意志民族的奇耻大辱。为了使德国振兴，1850~1870年，普鲁士投资的70%集中于铁路，铁路建设成为德国工业革命的大功率火车头。这样，德国铁路建设起步虽然稍晚于英法等国，却能以更快的速度发展。1835年，当长度6公里的德国第一条铁路在纽伦堡和菲尔特之间开通时，英国已有铁路544公里、法国141公里，甚至袖珍小国比利时也已有了20公里的铁路。此后，由于许多私营股份公司和各邦政府双管齐下地竞相投资，铁路建设在德国呈现一种爆炸性扩张趋势，投入铁路建设的人力和资本急剧增长。1840年德国铁路企业的劳动力人数仅为1648人，1860年为85608人，1870年增加到了161014人。铁路资本在全部资本中所占比重由1850年的2.8%上升到了1875年的10.4%。1845年德国铁路总长为2300公里，1855年8290公里，1875年则达到了27960公里。

从横向比较看，同一时期德国铁路建设的速度也远远高于英法等国。据统计，1840~1850年德国铁路长度增长约11.49倍，远远高于英国的3.42倍和法国的4.86倍。因此，在第一次工业革命期间，德国的铁路建设速度居欧洲各国之冠。这种高速发展加速了德国从城邦制经济体成为大规模市场化的统一国家。铁路建设不仅使运输时间缩短，而且运输费用也大幅下降，因而大大改善了德国的交通运输状况。据统计，1840~1870年，德国铁路每人/公里运价从4.4芬尼下降到了3.4芬尼，每吨/公里运价从16.9芬尼下降到了5.6芬尼。这显然有利于劳动力资源和煤、铁等生产资料的流通，使生产力发展有可能打破地区界限而在更广泛的范围内得到提高，物产资源丰富的内陆边远地区也因此而不再与世隔绝，从而有利于工业革命的普遍开展。铁路在随后的1870年普法战争中起了重要作用，法国首先向普鲁士宣战，而普军却利用先进的交通工具出人意料地迅速进入法国境内，使陷于混乱的法军在3个月内投降[1]。

三、互联网通信革命：距离为零，世界变平了

继以蒸汽技术、电力技术为标志的两次工业革命之后，科技领域兴起了以信息控制技术为标志的第三次革命，伴随着第三次科技革命而产生的网络产业，凭借新一代的生产力对人类社会经济、政治、文化等领域产生了积极且深远的影响，甚至改变了人类思维和生活方式。

互联网产生于20世纪60年代，美国国防部高级研究计划局（DARPA，简称ARPA）为了军事应用而研制的网络，旨在保证受袭时即使部分计算机网络受损，其余部分也能保持正常通信，因此，此时的网络以ARPA局的名称命名，这被认为是Internet的雏形[2]。但是到70年代，不同的计算机网络间依旧不能互通。为此，学术界、工业界致力于研究一种能将不同计算机连

---

[1] 陈平：文明分岔、经济混沌和演化经济动力学[M]. 北京大学出版社，2004.
[2] 国际电信联盟对互联网的定义是"采用互联网协议的一组相互连接的网络，该协议允许这些网络作为一个大型虚拟网络进行工作。"通常意义上讲的互联网是包括公众网、专用网络在内的复杂集合体。

接起来的网络，被称之为"Internetwork"，简称"Internet"，这个名词就一直被沿用至今。不同的计算机之所以可以相互连接最重要的是 TCP/IP——互联网协议 IP 和传输控制协议 TCP，此协议的开放性保障了任何厂家生产的计算机都能够相互连接与通信，Internet 至此成为一个开放的系统，因为开放，所以发展。

1. 空间与时间距离为零

互联网最大的变革在于把空间和时间距离直接降为零，网络上传输成本也为零。互联网产品的推销、传送、服务都不再存在地域障碍，全社会甚至全球的消费者都被连结到统一的网络市场当中。

2. 互联网何以改变传统产业

互联网改变了企业生产方式，改变了企业组织形式，也改变了企业协作模式，甚至重构了产业生态系统。其原因在于破解一些传统经济无法解决的难题。

互联网产品为什么能低价格？因为解决了市场交易成本问题，减少了中间环节，拉近了消费者和生产者的距离。

互联网企业为什么能快速做大？因为解决了市场规模问题，消费者与企业没有距离，不需要时间和路费，形成网上虚拟统一的大市场。而且互联网还解决了市场分割问题，能把不同区域的消费者集合在一起。

互联网为什么改变了产业生态？因为解决了市场中信息不对称的问题，制造商与消费者之间零距离，制造商与供应商之间也零距离，零距离带来信息对称，带来了信息传递的真实、完整和极速，使得厂商之间协作和信任成为可能。

3. 互联网带来的企业发展新趋势

如上所述，互联网技术的发展对企业经营管理产生了巨大的影响。一是互联网的出现和大规模商用极大地降低了企业之间信息传递的成本，提高了传递的速度；二是互联网的应用为企业之间以及不同技术之间的相互融合奠定了物质和技术基础，从而出现了"并行工程""精益生产""灵捷制造""虚拟制造"等柔性生产模式；三是企业之间快捷便利的信息交流降低了信息不对称的程度，更有利于企业之间信任度的提高和虚拟企业等柔性组织的建立。显而易见，互联网的出现使企业的交易成本和生产成本降低，必然导致企业边界发生变化。

企业随之出现巨型化和小型化两种趋势，企业虚拟化和联盟化越来越普遍，企业价值链开始从传统的垂直一体化向纵向缩短而横向伸展转变。

4. 中国互联网企业绝地反击、异军突起

中国的互联网相比欧美等国，起步较晚，但发展的速度却超过了任何一个国家，如今已经演变为世界互联网中不可小觑的重要力量。2008年，我国网民数量达2.21亿人，就已超过美国，位居全球第一。截至2014年12月底，中国网民规模达到6.49亿人，是美国总人口数2倍多，普及率47.9%，手机网民规模达5.57亿人，普及率达85.8%。截至2015年7月31日，中国大陆IPv4地址总数为3.3亿个，IPv6地址总数达到19349块/32，两类地址总数排名均为全球第二。中国互联网市场已成为国际竞争的重要领域。

近年来，互联网应用商务化程度迅速提高，其商业价值进一步凸显。互联网产业具有经济增长"倍增剂"、发展方式"转换器"、产业升级"助推器"的重要作用，李克强总理提出"互联网+"战略更掀起了互联网创业创新的新高潮。现实的证据表明，互联网经济与实体经济的融合日趋紧密，实体企业的虚拟化和联盟化现象越来越普遍，互联网改变了传统经济中企业的纵向与横向边界，工业和服务业与互联网的结合将是我国产业转型升级的重要方向，互联网也正在有效推动传统产业的升级改造和结构调整，已成为信息化与工业化融合过程中不容忽视的推动力和催化剂。

值得关注的是中国的互联网产业走出了一条不同于发达国家的道路，用免费策略扩大用户体验和用户基础，借力风险投资进一步增强用户价值，再通过价格歧视来实现商业价值。"免费策略—用户基础—价格歧视"的商业模式破解了对发达国家互联网经验的路径依赖，成为中国屈指可数的在外资跨国公司重围中成功突围，且拥有绝对市场优势的产业。

在"大众创业、万众创新"的号召下，众多有激情的年轻人开始冲击互联网浪潮，但创业成功概率其实很低，不充分研究互联网的市场特征、了解平台企业的竞争策略，把握互联网企业的盈利模式，就很难在激烈竞争中脱颖而出。但是，中国互联网作为一种新经济，其发展历程几经"沉浮"；许多学者对于新事物的理解缺乏直接的体验和长期的思考，而业界精英们则"身在此山中"，又无暇学习和总结其发展的本质和规律。相关文献不多，高质量的、有真知灼见的研究更是少见。所以，本书致力于以严谨、务实、实事求是的学术态度来揭示互联网产业发展的本质，澄清流于传闻的似是而非的观点，判别企业的竞争行为，并对产业发展的未来趋势做出科学研判。

互联网法则与竞争模式

第一部分

中国互联网市场后发先至，出现了绝无仅有的外资巨头全面溃败的局面。因为中国市场除了互联网通用特征外，还有着鲜明的本土特色，如需求价格弹性极大和基本功能全部免费等。互联网市场存在用户规模制胜、赢者得多数、颠覆式创新等法则，进而推演出市场无边界、厂商网络互不兼容、技术进步与商业模式创新的市场不相容等定律，这些法则和定律决定了中国互联网企业的常见竞争模式。互联网也因其传输零距离导致的无边界市场等特质，正在改造着众多传统产业，同时也颠覆了传统的盈利模式，其盈利模式的复杂性使中国真正进入了知识改变商业的时代。

第二章
中国互联网市场的外资魔咒

中国互联网产业受到美国等发达国家影响,近十余年快速成长为用户规模最大的互联网国家。中国是任何世界巨头都必须争夺的市场。然而,在这块土地上,国外互联网巨头们却无一例外地"水土不服"。从门户的Yahoo、电商的伊贝、社交的脸书,这些横扫全球的互联网巨头却统统兵败中国,别说老二,连老三老四的位置也排不上。"国外互联网在中国必遭失败"的魔咒不断上演,让外资互联网公司十分困惑,互联网业界莫衷一是,理论上也没有人做出合理解释。

由于中国特殊的市场条件,中国互联网产业发展路径并没有完全复制国际经验,而是具有一些独特的性质。中国互联网产业既有国际通行的一些特征:如双边市场特征、基于社交关系的网络效应、低物质转移成本的锁定、用户多方持有同类产品、消费者异质性,也具有一些自己的独特性:如平台产品的同质性、需求价格弹性极大、互联互通的消费者福利无关性等。而国际互联网的一些特征中国也尚不具备,如广泛的开放性、产品差异化、多样的商业模式竞争等。

本章将梳理国际互联网和中国互联网产业特征与发展模式,发掘中国的特殊性质,探索其产业竞争模式,破解外资魔咒的内在原因。见图2-1。

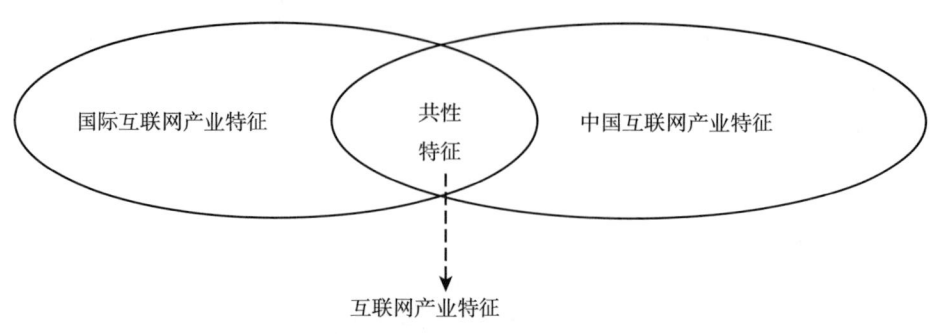

图 2−1 中国互联网与国际互联网产业特征的异同

一、共有特征

本节将主要阐述中国互联网产业与国际互联网产业的共性特征，包括：互联网平台的双边市场特征、基于社交关系的网络效应、低物质专业成本的锁定、消费者异质性和消费者多方持有同类产品。

（1）互联网平台的双边市场特征

互联网产业特征之一是具有典型的双边市场特征，原因有三：一是存在一个双边或多边的平台结构，即同时存在两类或两类以上的用户通过平台服务发生交易或相互影响，这个平台运营商提供有形或无形的平台服务；二是处于平台两边或多边的用户存在较强的交叉或间接网络外部性，这种网络外部性通过平台内部化；三是平台对双边或多边用户的定价是非中性结构的，定价结构会直接影响平台的交易量和交易额。

同时，互联网产业还有其独特的产业特点，其定价机制和竞争行为与传统的双边市场有很大差异，如电子商务中的第三方支付平台也具有双边市场特征的，但它诞生时是一体化于电子商务平台的。为什么企业采取这种一体化竞争策略，这种一体化效率是否高于非一体化？由于厂商间网络不兼容，消费者因为交易积分制因素而增加了转移成本，对产业来讲是否提高了市场的进入壁垒？中国市场较之欧美国家具有后发性特征和市场培育特征，在双边市场结构中，厂商的竞争与盈利模式也发展出有别于先发国家的特征。这些问题的答案可以在下文的竞争模式和第四章的企业竞争行为中找到答案。

（2）基于 SNS 社交关系的网络效应

网络效应指的是消费者使用某一产品所获得的效用会随着使用同一产品的人数的增加而增长。传统产业中，我们感受到网络效应的机会较少。现代社会的通信、金融等现代服务业如电信网络、金融网络、软/硬件等则呈现出较强的网络效应。

网络效应是互联网产业最重要的属性特征之一。达到用户基数临界值的产品会形成自反馈，从而产生用户或产品的锁定，锁定效应将增加用户的转移成本，最终形成赢者得多数的局面。由此可见，突破临界容量是达到市场均衡的前提条件，也是互联网企业吸引风险投资的必要条件。

具有直接网络效应的产品更多体现利用社会关系网络服务（social networking services，SNS）产生的效应突破临界容量，例如早期的腾讯 QQ、微软 MSN Messenger 等即时通信产品，都源于社会关系网络，迅速形成了庞大的用户基础，尤其是 QQ，在网络效应的自增强机制作用下，短短几年间成为现在具有市场垄断地位的产品。但是随着脸书浪潮席卷全球，SNS 的内涵与外延也都在不断发展，而今所谓的"SNS"不仅是熟人之间，或"熟人的熟人"之间的交往互动，更包含了由各种同好关系形成的圈子。例如：可以按照共同的话题、共同的爱好、共同的学习经历、共同的旅游计划等聚类，细分维度可以更加多元化，这也使得满足各细分需求的中小型网站可以很好地生存和发展。

现代社会的人们既有维护已有的社会关系的需求，同时更有根据各自的需求建立或进入新圈子的需要，互联网的开放性、SNS 服务的便捷性使得这些需求得到很好的满足；基于社会关系网络的产品应需求而生，又随着需求的爆发其协同价值得到进一步提升，成为互联网产业的普遍且基础的属性。

（3）低物质转移成本的锁定

厂商可以实施价格歧视的内在原因是转移成本，转移成本如果不存在，厂商即使了解消费者的购买历史，也没有办法对消费者进行价格歧视，因为消费者可以毫无顾忌地转而使用其替代产品。

由于网络效应强化了专用性投资、学习成本或契约关系等要素，当消费者从一种产品（或基数）转向另一个产品（或技术）时，由于专用性投资、学习成本或契约关系等因素会产生转移成本，如果转移成本足够高，就会转移不经济，使得产品（或技术）逐渐适应和强化这种状态，市场和用户被锁定在某种产品或技术上，难以退出。被锁定的用户往往愿意出高价来满足其需求，所以企业有足够的动机在第一期为获得足够大的用户规模进行激烈的价格竞争，希望第二期有较大的"客户基础"。

互联网平台企业提供的基本服务多数是免费的，通常消费者没有金钱投入的固定成本，也就不存在货币形式的转移成本，可以把互联网企业的免费策略当作上文所述的第一期促销的极端情形，其锁定用户更多地依靠社交网络关系形成的网络效应。当然，这种锁定是与转移成本的大小紧密相关的。银行卡、电信、软件等产业中的系统（产品或标准）之间互得不兼容时，消费者和厂商不得不面临转移所花费的成本过高而造成的转移不经济。但是互联网市场的消费者不需要承担货币形式的沉没成本，所以我们经常会观察到互联网用户更多地会同时持有多种同类竞争性产品，可以认为其货币转移成本远低于电信等产业。但是，由于互联网产业的网络效应，用户通过互联网某种产品或服务与同类用户产生联系，并形成一个社会关系网络圈。这样，社会转换成本问题就成为用户放弃该产品或服务的障碍，如果用户换了一个邮箱账号，就产生需要告知其他用户的机会成本，否则会削弱以往的社会关系网络，这样，如果不是转换收益足够大的话，那么用户是不愿意轻易转换其他产品和服务的。所以，我们观察到互联网产业"赢者通吃"或者"赢者得多数"的现象普遍存在。中国目前的互联网产业较高的集中度也证实了这一自锁定效应，通常互联网产业前三甲企业市场占有率都在70%以上甚至更高。

（4）消费者异质性

①用户的完全竞争市场。互联网平台用户数量庞大，多数互联网市场具有双边市场特征，市场两边有大量的卖家和买家，他们都不具有影响价格的能力，通常也没有较大的市场势力，属于完全竞争市场形态。在这种市场结构中，用户既无法决定平台使用的价格，也无法影响其他用户的偏好。

②用户需求的多元性。互联网双边市场中存在大量的卖家和买家，虽然是完全竞争的市场形态，但用户的需求仍具有多元化的特征，这符合基本的人性假设和马斯洛的需求层次理论，将这一人性假设推广到厂商亦可成立。故互联网平台厂商盈利的手段通常为三级价格歧视（包括会员费差异、广告、竞价排名等），以满足不同用户的差异化的需求。

二、国际通行而中国缺乏的特征

美国不仅是互联网技术的发源地，其应用更是走在世界前列，并且其互联网模式的多样化程度也是世界最高的。从早期的门户网站、电子邮件，到搜索引擎、网络电话、网络视频、网络游戏，再到社交网站的风靡，开启Web2.0时代的到来，脸书的全球崛起，美国引领这整个互联网产业的发展潮流，成为世界的风向标。

中国的互联网产业发展以把硅谷业态"Copy to China"为主：美国有了雅虎，中国有了新浪；美国有了伊贝，中国有了淘宝；美国有了亚马逊，中国有了当当；美国有了谷歌，中国有了百度。但中国的模仿并不是完全照搬，有改进型创新，故本章重点探讨以美国为主的国际互联网产业竞争态势，以期发现与中国市场不同的特征。

（1）广泛的开放性

"互联网之父"温特·瑟夫（Vint Cerf）博士曾指出："互联网对社会的巨大影响以及互联网在经济上的成功在许多方面固然直接跟设计人员的设计有关。但它的独特属性使之成为改变世界的第三次浪潮：没有人拥有它，每个人都可以使用它，任何人都可以往上面添加服务，这是互联网跟之前所有媒介的区别。"

美国的互联网以开放、对等和共享的原则建立和发展起来，强调大规模协作集成优势的观念①。从Linux这种自由和开放源码的操作系统诞生开始，

---

① ［加］唐·泰普斯科特，［英］安东尼·D·威廉姆斯. 维基经济学［M］. 中国青年出版社，2012.

互联网产业的开放精神就一直被美国硅谷传承和发展，直到脸书把开放做到新的高度。开放在美国互联网业内是被普遍应用的一个战略，最早的开放表现为开放链接、Web Service 等。现在的表现则已经相当广泛，从即时通信到电子商务，再到门户网站、操作系统和 SNS 社区，无不应用了开放的网络战略。

美国 IM 产品刚推出市场的时候，各公司开发的产品互不兼容，且功能方面也只限于文本通信；随着 IM 产品的不断发展，Skypy 率先在 IM 产品中加入语音通话功能，市场效果颇好，之后 Google 等各大公司也都增加了语音通话模块；在功能不断丰满的同时，IM 的互联互通也得以实现，Google、雅虎、微软等各大公司都开放了接口，实现了与其他即时通信系统的互联互通。

除即时通信产品外，美国的各大商业网站都开始推行开放战略。如亚马逊的"加盟计划"，通过大量的外部网络加盟来提升点击量和销售额，成千上万的亚马逊合伙人从他们自己的网站将交易和销售发给亚马逊并赚取佣金，仅在德州西部，就有了上千细分合伙商店在亚马逊上销售从电动工具到书籍等各类商品，生意蒸蒸日上，同时亚马逊也有效扩大了自己的收入和增长。其他各类互联网平台厂商，如伊贝、雅虎等公司都陆续开放了应用程序接口（API）。2008 年 9 月雅虎推出了"雅虎开放战略"，把包括主页和电子邮件在内的多项互联网服务面向第三方互联网及软件公司开放。苹果公司的"封闭式开放"使得纵向第三方应用的开发者进入苹果的产业链，获得了极大的商业成功，使得苹果成为全球最高市值公司（6325 亿美元，2012 年 8 月 21 日）。谷歌则在开放 API 方面作了更大的开拓，拥有 Search API、Google Map API、Opensocial API 等一系列并仍在不断增长的 API 列表，更在开放平台方面发力，应对苹果的竞争推出更开放的手机平台 Android 和云计算平台 App Engine 服务。

谈到开放，一定要提及的是脸书，脸书的开放源代码不仅使其差异化于同类公司异军崛起，迅速超越了有雄厚资金的 Myspace，还使开放的热潮席卷全球。

（2）产品差异化

美国是全球互联网创业最活跃的国家，由于制度、理念、法律、文化差异和科技创新水平的不同，加上美式自由理念下的价值观传达，美国形成了区别于中国的创业文化，在崇尚自由和创新的互联网产业中表现得尤其明显。中国人往往会树立一个成功榜样，大家的创业会以榜样为模仿的标准，造成中国的互联网平台同质化、产品和服务同质化现象很突出。而美国的互联网却具有更细分的市场和产品，其定位非常精准，盈利状况非常良好。如在电子商务领域，伊贝、亚马逊等大型公司众所周知，但美国还有成百上千的中小型电商企业经营状况很好。细分品类上看，比较著名的有经营高端服装和饰品的Macy's、专攻3C产品的新蛋、主打游戏领域的GameStop、主营珠宝首饰及家居用品的JCPenney，等等。这些众多的中小型电商平台，与我们所熟悉的巨头企业，共同构成产业链，发挥着互补和集聚的网络效应，给消费者增加福利的同时，创造了万亿美元的收入。

在饮食等生活服务领域，全球著名并引爆我国低门槛复制的Groupon是美国本土服务类型的团购领军企业，Opentable可提供的24小时预订高级美味美食餐厅的定位服务，Mangia为体育场或演唱会等大型活动现场提供外卖送到座位服务，Priceline可以随时提供租车、旅游和酒店预订服务，等等。这些都是已经非常成功的网站，比中国群体性复制某一产品最终只存活一两家的情形相比，美国产业差异化的发展模式让大部分有创意的互联网公司持续发展下来，而且基本上都有自己的独特优势。

（3）需求价格弹性较小

中国的互联网产业存在一个普遍想法：就是先免费，等到产品或服务拥有足够的用户且用户对产品形成了依赖，再开始收费。然而，实际上这种策略致使消费者形成免费的消费习惯后，再收费就会造成消费者非常强烈的反弹和抵制。而且，一旦一家厂商开始收费，其他同类网站竞争对手正好用免费把该厂商的客户群争夺过去。所以，中国互联网企业常常是伯川德竞争格局。

而美国是截然不同的，美国互联网应用和服务并不是真的免费，对于美国人来说，如果一个产品具有较大商业价值，或者是专业的具有版权的互联网信息产品，那么，就不太可能是免费的。首先，美国的门户网站，例如雅虎等，其实主要是对信息进行分类，直接提供的信息并不多；传统的《华尔街日报》《纽约时报》还是重要的收费新闻信息来源。其次，美国还有不少专业网站，专门为专业人士提供差异化的服务，这些网站每天更新的信息不多，但这些信息不允许随意转载，因为该信息是有知识产权保护的，如果要转载也必须付费；这些专业网站基本上是采取会员制的方式运转，订购一年服务的费用并不比专业报刊便宜。音乐产品在美国互联网上免费下载是违法的，将受到法律诉讼，所以，美国互联网消费者面对的是一个知识产权被高度尊重和严格保护的环境，其付费习惯早已形成。

我们知道，美国的产业竞争优势在于知识和研发，其对知识产权、品牌价值的保护意识强烈，因而也养成了良好的付费习惯，结果是美国的互联网产业的需求价格弹性较小，消费者并不抵制付费服务，对收费的产品和服务认可程度很高。苹果的 App Store 上的应用都是付费下载的，并不影响苹果商店的火爆，一项调查显示，苹果商店上的应用产品质量高于免费的安卓市场，产品数量也多于安卓市场。网上拍卖公司伊贝（eBay）从创立之初即开始利用双边市场收取中介佣金，其盈利模式为投资人推崇，股票价格呈现良好的上升势头。

（4）商业模式多样化

中国的互联网平台基本上照搬美国的商业模式，什么热就追捧什么。门户热大家都做门户，邮箱热大家都搞邮箱，电商热大家都抢电商，SNS 热大家就都做社区，千人一面的大范围模仿成功商业模式在中国成为蔚为壮观的景象，也客观造成中国互联网创业成功率极低的现象。

美国的自由创新的个性化文化和价值观，促使创业者更具有企业家精神，探索了多样化的商业模式。如 Windows 操作系统占据市场主导地位时，Linux 则推出开源的系统与之形成差异化竞争；雅虎做门户网站成功后，谷歌并未盲从，而是开发了综合搜索引擎为更广阔的用户群服务；当门户通过广告获利的时候，谷歌推出了竞价排名的盈利模式；苹果通过封闭式开放平台获得巨大成功时，谷歌推出更开放的安卓平台占据了更大的市场份额；亚马逊的 B2C 模式风靡全球时，伊贝（eBay）则另辟蹊径，走 C2C 道路获得同样巨大的成功；聚友网（MySpace）一度占据社区的主要位置，脸书（Facebook）用全方位开放战略迅速超越，成为最具创新能力、最被看好的互联网巨擘。

美国互联网企业的差异化定位、精准细分产业和多样化的商业模式，共同构筑了美国互联网产业繁荣的生态系统，使第四次数字革命依然爆发于美国[①]。

三、外资水土不服的中国特征

互联网产业与电信产业、软件产业都属于新兴网络产业（区别于交通运输业、广播电视业等传统的网络产业）。互联网产业具有网络产业的共性特征。

第一，需求方规模经济：广泛存在于互联网网络产业中。

第二，供给方规模经济：互联网产业高固定成本、低边际成本的特殊成本结构保证了随产量的增加，总成本、平均成本将不断下降，供给方规模经济优势明显。

第三，互联网产业的扩张速度非常快。由于互联网产业的前两个特性，需求方规模经济和供给方规模经济的同时作用，当用户达到临界容量即会产生正反馈的自增强机制，导致互联网产业的市场渗透速度远快于非网络产业，也快于其他网络产业。非网络产业一般需要较长的时间经历缓慢扩张的过程，而像谷歌（Google）、脸书（Facebook）等互联网新兴企业只花费了十几年甚至几年的时间，就迅速扩张成为当今世界数一数二的国际互联网巨头。

---

① 前三次数字革命也发生在美国。大约每隔 10 年就会出现一种新的技术平台，并从根本上改变商业面貌。这些技术平台包括 20 世纪 70 年代的大型计算机、80 年代的个人电脑、90 年代的互联网，以及今天的社交网络。

"网络效应"是互联网产业的属性特征,以上三点同时也是网络产业的鲜明特征,但是,互联网产业作为一种新兴网络产业,具有一些区别于其他网络产业的特征,正是由于这些特征,互联网产业在众多的争议声中蓬勃兴起,互联网产业中很多似是而非的问题的出现,也是由于人们没有把握这些特性。

中国的互联网市场较欧美等发达国家晚起步,但是中国互联网市场有着更为特殊的地方,导致国际互联网巨头在中国市场的发展一波三折,伊贝折戟中国市场,把伊贝(eBay)中国交给本土公司 Tom 在线去运营,雅虎(Yahoo)中国最终卖给阿里巴巴,微软的 MSN 与腾讯 QQ 对决从未占据优势,国际互联网企业在中国的策略屡次转型,最终难逃败走中国市场之命运。这些现象的背后,是中国互联网市场的独特性。这些特性到底是由于什么引起的?对于未来的进入者以及中国互联网企业会有什么启示?本节将从互联网产业特性到中国市场特征展开分析。

(1) 基本功能免费

电子邮件服务、QQ 聊天服务、网络游戏等是互联网产品的本质性功能,不属于衍生和增值功能,这类服务被称为互联网基本功能。衍生和增值服务是基于这些基本服务所提供的个性化、定制化的服务。大多数互联网产品都是先做基本功能,然后逐渐增加产品的衍生增值服务。

与其他经济类型不同,互联网经济是建立在免费理念的基础之上,这也是互联网最大的特点。用户可以免费享用互联网提供的绝大多数各种应用性服务。互联网行业发展之初倡导并被坚持一个原则就是"免费"。经过数十年的发展,现在的互联网基本功能仍然是免费,虽然收费的产品和服务也越来越多。大部分互联网公司在推广初期,都以免费作为吸引注意力的手段,希望通过免费黏住用户,使其在该产品和服务上驻留更长时间。

由于互联网服务具有无形交易的特殊属性,而中国消费者对无形产品的支付意愿较低,所以在中国,当互联网公司经过第一期的免费营销后,在第二期准备收费时,多数用户往往选择放弃该项服务,这一结果还得到其他为数众多的免费的同类产品的竞争的推波助澜。

另外，虽然中国的互联网产业发展迅猛，网民规模在 2008 年已跃居世界第一，但据《第 31 次中国互联网络发展状况统计报告》的统计结果表明：月收入在 3000 元以下（含无收入）的网民比例为 71.2%，1000 元以下（含无收入）所占比例为 34.9%。这说明，从中国经济发展阶段来看，多数中国网民还是更倾向于低价或免费的互联网服务。

（2）需求价格弹性极大

中国长期依赖物质投资增长，忽视技术进步与知识产权保护的经济发展模式，使中国消费者对知识产品的价格需求弹性非常大，多数互联网平台提供的是信息与交易平台服务，虽然具有极强的交叉网络外部性，但是长期养成享受免费服务的中国消费者付费的意愿较低，平台价格的细微变化会带来用户的极大变化，致使平台靠收取佣金盈利变成一个两难困境，因为只要存在一家免费或者低价格的竞争平台，在位者平台就无法通过结构性收费实现高额利润。美国易趣等互联网电子商务领跑者诞生之日起即开始盈利，其盈利完全基于双边市场的结构性定价向卖家收取交易佣金模式。而伊贝（eBay）收购伊贝进入中国 C2C 市场后，一度占有 90% 以上的市场份额，受到阿里巴巴旗下 C2C 电子商务平台淘宝的免费模式的阻击，短短两年，淘宝就夺取了超过 70% 的份额，甚至迫使伊贝退出中国市场。中国市场消费者价格需求弹性极大是免费模式在中国 C2C 市场上完胜的基本前提。

（3）平台产品的同质性

中国互联网市场巨大，但是同一市场内平台厂商提供的服务具有同质性，都是基于免费模式利用三级价格歧视实现盈利，差异化策略很少见到，正是平台厂商的同质性产品服务导致消费者需求弹性无限大，因为平台厂商具有接近完全的可替代性。所以，中国的 C2C 市场上，淘宝通过免费策略成功挤出伊贝（eBay），因为两者是完全替代的，而腾讯拍拍完全替代淘宝可能性的存在，也使得淘宝多年培育的中国 C2C 市场无法通过全线收费而实现大范围盈利。

（4）消费者多方持有同类产品

互联网产业不同于电信、软件等其他网络产业的一个典型特征是，由于其货币化的转移成本为零，用户通常会多方持有多个同类产品，如同时拥有腾讯 QQ 账户和微软 MSN 账户、既使用支付宝也使用财付通、多方持有多个电子邮箱等等。电信和软件等产业的用户则由于其货币化固定成本的锁定，不太愿意同时支付多种同类产品，使产业内产品较多地存在"非此即彼"的替代效应，当然随着收入的提高，一些用户多元化的需求可能会导致其多方持有移动和联通手机等行为，但毕竟受到财富预算的约束，而互联网产品则无此约束。

（5）互联互通与消费者福利无关

互联网产业中用户无成本的多方持有同类产品的特征，一个用户既可以用 QQ 的即时通信工具，也可以同时注册和登录微软的 MSN，相互之间不受影响。这与电信产业有着显著的差异性，电信产业中互联互通是一个至关重要的问题，因为用户必须要投入 SIM 卡的费用，如果移动手机不能与联通手机互发信息和打电话，那么消费者福利将受到损害，而且竞争的结果可能会导致赢者通吃的完全垄断局面，有可能进一步损害竞争和消费者福利。而互联网产业基于免费多方持有的特性，互联互通更多地成为企业竞争和占有用户规模的问题，但与消费者福利无关。

第三章
互联网四大法则与四大定律

近几年来,互联网反垄断话题不断升温,业界人士、经济学界和法律界的专家学者都对此话题"孜孜不倦"地进行了讨论,不少人士尤其是互联网中小企业创业者认为腾讯、百度、阿里巴巴等大型互联网公司已占据超过市场一半份额并处于垄断地位,妨碍了竞争,降低了市场效率。这些话题背后的经济学问题是:竞争和垄断的关系是什么,是否垄断的市场结构一定妨碍竞争?市场结构和市场绩效的关系是什么,是否高市场集中度一定是低市场效率?企业做大做强都会有追求垄断的行为,但众多的传统产业为什么没有出现如此高的集中度?显然,互联网产业存在着传统产业不具备的特征,使其产业领导者可以拥有如此高的市场份额。

一、互联网市场存在四大法则

(1)用户规模制胜法则

互联网经济是一种注意力经济,信息资源本身不稀缺,但消费者注意力是稀缺的,市场结构不仅取决于供给方规模经济,同时也受到需求方规模经济的影响,互联网产品必须以用户为核心,而用户需求是多元的,当细分市场用户规模达到临界值时形成正反馈,用户规模大的厂商最终会赢得市场。

(2)赢者得多数法则

互联网平台效应取决于双边市场的网络效应与平台用户规模,平台效应越强,越有利于注意力的集中和赢者得多数,人们说的赢者通吃的情况实际上并不常见,更多的是优势厂商占有过半数的市场份额,市场结构趋于单寡头垄断结构。

(3) 颠覆式创新法则

互联网产业的每一次技术进步和商业模式创新将颠覆原有技术和商业模式,既有垄断结构很容易被打破,并在(1)和(2)的作用下形成新的单寡头垄断。所以,互联网与操作系统平台等新经济市场最终会形成单寡头竞争性垄断的市场结构(竞争与垄断相伴相生),这是传统的市场结构理论所未曾遇见的新现象。

(4) 财务法则

互联网厂商为了快速把用户规模扩大,通常在第一阶段都会采用"放长线钓大鱼"的免费或补贴策等价格歧视策略来引爆用户规模,第二阶段再通过增值服务或第三方付费等机制来获取高额利润。

二、互联网市场存在的四大定律

互联网四个法则的推论对应互联网四大定律,用户法则推导出市场扩大化与长尾定律,赢者法则推导出厂商网络互不兼容定律,颠覆法则推导出技术进步与商业模式创新的市场不相容定律,财务法则推导出盈利模式复杂性定律。

(1) 市场无边界定律带来长尾效应

互联网最大的变革在于把空间和时间距离直接降为零,网络上传输成本也为零。互联网产品的推销、传送、服务都不再存在地域障碍,全社会甚至全球的消费者都被连结到统一的网络市场当中,互联网厂商不能再像传统经济中的厂商那样把"距离"作为保卫自己市场的屏障,利用市场地域割裂来实现本地化优势。

所以,互联网时代的厂商竞争空前激烈,厂商不仅仅要面对本地的竞争者,甚至一开始就受到全球开放经济体系的冲击,面对跨国公司的直接竞争。然而，我们却惊讶地看到，如此激烈竞争的市场却存在着高度的市场集中，BAT 三巨头的高市场占有率，同类产品的收购兼并案频发，原因在于，在高度统一的市场中，由于互联网产品的边际成本趋于零，主导厂商可以最大限度地发挥规模经济，这符合"自然垄断"的特征，按传统的产业经济理论，市场似乎应该只留下一家企业。然而，现实并非如此简单，互联网产业的消费者有着高度个性化的需求，因此，尽管从"地理空间"上看，可以认为市场需求是高度集中的，但从"产品空间"来看，市场需求却是高度分散的。在传统产业当中，消费者的个性化需求是难以得到满足的，因为在每个区域当中，具有某种特殊需求的消费者数量都很小，营销、配送、服务的成本很高，无法实现规模经济，所以传统经济推崇大规模标准化生产，这也是中国制造的根本命脉。但在互联网产业中，由于距离为零、不存在运输成本，所有消费者都被集中到一个虚拟的统一大市场当中，世界被抹平了，不同区域具有相同的特殊需求的消费者可以集合在一起，形成可观的规模，足以实现规模经济。因此，互联网为各种个性化、特殊化的定制需求的满足创造了条件。消费者的需求多种多样，而单个厂商的专注力是有限的，既不可能觉察出所有需求，也不可能满足所有需求，因此，多种需求的共存带来了多个厂商的共存。但与此同时，不同的需求并不是截然分隔的，而往往是互相重叠的，因此厂商之间也存在着激烈的竞争。因此，零运输成本令消费者被集中到虚拟的统一市场当中，这一方面令主导厂商最大限度地分摊固定成本、实现规模经济，让主流市场（这类似于正态分布曲线的中央）被单个厂商占领；另一方面又令具有个性化需求（这类似于正态分布曲线的两端）的消费者形成可观的规模，满足个性化需求的厂商可以实现规模经济，由于个性化需求的种类多、总量大，相应的厂商数量也很多、市场规模也十分巨大，市场总量甚至不亚于主流市场，形成"长尾效应"。

（2）厂商网络互不兼容定律与平台开放策略

互联网产业的厂商网络是"横向有边界，纵向无边界"的。"纵向无边界"是指，互联网的主导厂商并不包揽产业链上的一切环节，而是专注于建立联接消费者与内容提供商的平台，作为"规则制定者"设计消费者与内容提供商之间、消费者与消费者之间的互动规则，通过标准化的接口把平台向内容提供商开放，通过契约把各内容提供商组织起来向消费者提供产品和服务。平台厂商通过"纵向无边界"可以获得至少三方面的好处。一是分工专业化，从产出来看，平台厂商不可能擅长提供所有产品和服务，只能专注于平台的运作和创新，从投入来看，互联网行业最重要的投入是人才，但互联网行业中有着良好创意、善于发掘市场需求的人才，多是富有企业家精神的年轻人，通常不愿意只成为平台厂商中的管理人员，而是倾向于自主创业，平台企业只有采用开放策略，利用契约把大量内容提供商组织起来，才能最充分地利用全社会的人才资源，发挥专业分工的优势。二是节约交易成本，如果平台厂商包揽所有产品和服务，势必形成庞大的科层组织，造成严重的委托代理问题，内部交易成本高昂，臃肿的机构和冗长的委托代理链更是不利于企业创新，相反，平台开放策略可以令平台企业保持精简的架构，节约交易成本，保持创新活力。三是避免 X–非效率，如果平台厂商自行提供所有产品和服务，那么，由于平台本身的垄断性，负责提供内容的部门也会因为缺乏竞争压力而处于懈怠状态，相反，如果平台厂商采用开放策略，自身专注于平台的运营，那么内容提供商便处于高度竞争状态，在竞争压力下不断提高效率、改进技术、创新产品。平台厂商在实现"纵向无边界"的同时，坚持"横向有边界"，即不与同类的平台兼容，后来的竞争者不能通过简单的模仿建立类似的平台，然后与原有的平台互相"兼容"以享用原有平台厂商构建的厂商网络和用户基础，窃取创新者的成果。"横向有边界"能防止模仿者"搭便车"，令网络平台的创新者可以充分提高内部化创新的收益，有利于激励技术创新和商业模式创新。

（3）技术进步与商业模式创新的市场不相容定律

互联网产业出现了技术/商业模式之间的竞争替代了产品之间的竞争的现象。换句话说，在同一技术或商业模式下，不同产品的竞争并不激烈，往往出现"一家独大"的局面，从市场结构上看，市场是高度垄断的；但与此同时，不同技术或商业模式之间却存在激烈的竞争，市场上的厂商始终面对着"创造性破坏"的威胁，必须不断实现技术和商业模式的进步与创新，从市场行为上看，市场又是高度竞争的。同一技术/商业模式下市场高度垄断的原因在于，消费者从互联网产品获得的效用，主要取决于用户数量，用户多则效用高，用户少则效用低。基于强烈的网络效应和基本功能免费特征，厂商难以通过横向差异化和低价格策略进行竞争。因此，厂商赢得市场的唯一途径是积累庞大的用户基数。市场的"先发者"，即技术或商业模式的创造者，显然有着巨大的优势通过网络效应做大用户基数，相反，市场的后发者、模仿者由于后发劣势，很难与之进行竞争。因此，在任意一种技术或商业模式下，产品市场都是高度垄断的。另外，互联网产业的技术和商业模式有着很强的创新性。新技术和新商业模式的出现，往往会颠覆原有的市场，原有的产品不管是否拥有垄断地位，都将被淘汰。暂时处于垄断地位的厂商，如果没有及时地改进甚至彻底革新技术/商业模式，就随时可能遭受"灭顶之灾"。从长期来看，新技术/新商业模式不断涌现，旧技术/旧商业模式不断被淘汰，市场竞争不仅仅是"激烈"，而且是"你死我活"的。因此，互联网产业的竞争，是在纵向时间维度（新旧技术、新旧商业模式之间）上进行的，而不是在横向空间维度（不同产品之间）上进行的，是动态的而不是静态的，是无形的而不是有形的。垄断是"显而易见"的，也是暂时性的；竞争是潜在的，也是持续性的。从某一时点、从市场结构来看，市场是高度垄断的；从市场的发展过程、从市场行为来看，市场是高度竞争的。

（4）盈利模式复杂性定律

互联网市场中流行一句话："羊毛出在狗身上，猪来买单。"表明了其盈利模式与传统产业是不同的。由于前述的财务法则，互联网企业普遍采用两阶段收费制，第一阶段争夺消费者注意力，采取基本功能免费策略，第二阶段通过第三方或者增值收费等策略。这个免费策略不是简单的不收费即可，重点在于是否有一个普遍性需求，即所谓刚需。对于一个没有普遍性需求的产品或服务，免费并不一定会迅速放大用户的规模。换句话说，"普遍性需求"是放大用户规模的必要条件，而免费不是。如淘宝是阿里旗下放大用户规模的必要条件，但淘宝不是其盈利的主要方式，而天猫和支付宝等增值市场和衍生工具是其盈利的主要方式。

对于一个具有普遍性需求的产品或服务，如果某个商家在产品品质差不多的情况下，实施了一个掠夺性的价格，即低于正常市场价或者免费，那么它也能够迅速放大用户的规模。2003年5月淘宝刚上线时，当时的伊贝（eBay）占有C2C市场90%份额。某种意义上讲，2003年的"非典"促成了中国电子商务元年，那时的用户规模才真正开始爆发，所以淘宝推出免费策略培育市场时，伊贝不肯，结果是淘宝获得了用户大规模井喷。2006年6月，伊贝的市场份额为29%，淘宝为56%；2009年12月，淘宝为82%的市场份额，伊贝仅为2%。①

免费是"掠夺性定价"的一种极端情况。事实上，还会有更加极端的情况出现，那就是补贴。我们看到在滴滴打车和快的打车对垒的过程中，双方都打出了补贴这张牌，让很多围观者更加搞不清其如何盈利。

因为每个行业都有生命周期，对于一个新兴市场来说，需求培育是第一阶段的主要任务，这个阶段通常是无法大规模盈利的，在需求还没有达到普遍性之前，价格再便宜也推不动市场的引爆，所以，在中国短暂的互联网发展史上，出现了8848、3721等无数先烈。

互联网因其传输的零距离导致的无边界市场等特质，正在改造着众多传统产业，同时也颠覆了传统的盈利模式，其盈利模式的复杂性使中国真正进入了知识改变商业的时代。

---

① 本书作者研究整理，资料来源：艾瑞监测数据（2006～2012），武帅. 中国互联网风云16年［M］. 机械工业出版社，2011.

第四章
中国互联网常见的竞争模式

一、"囚徒困境":极致版价格战

1. 中国互联网平台竞争的"囚徒"博弈

由于中国互联网市场的需求价格弹性、消费者异质性和平台产品无差异等特征,致使中国互联网平台厂商的竞争多数呈现一种伯川德竞争模式,通俗地讲就是价格战,谁便宜谁就能多占市场,同一市场内平台在博弈时容易进入降价竞争的"囚徒困境"。以电子商务市场为例,其平台厂商竞争符合非合作博弈的特点:淘宝挤出伊贝,拍拍觊觎淘宝等现状,说明使其运营厂商在竞争过程当中陷入囚徒困境。在"囚徒困境"这个博弈中,基于博弈当中"理性人"的原则,博弈双方会根据对方两种可能的选择分别考虑自己的最佳策略,并且各自独立做出策略选择。以国内两大 C2C 平台厂商淘宝和拍拍为例,分别代之为 A 厂商和 B 厂商。假设其在市场竞争中,有免费和不免费两种策略,不免费和免费时价格分别为 P 和 p,$p \ll P$,且 p 约等于 0;不免费和免费时用户数量分别为 q 和 Q,$Q \gg q$;并假设厂商同时进入市场,无网络效应和路径依赖效应的差异。图 4-1 表示两个厂商分别采取不同策略组合下的收益。

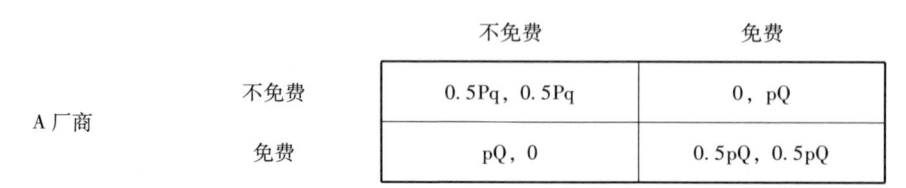

		B 厂商	
		不免费	免费
A 厂商	不免费	0.5Pq, 0.5Pq	0, pQ
	免费	pQ, 0	0.5pQ, 0.5pQ

图 4-1　平台厂商策略组合示意图

可见，电子商务市场中平台厂商争夺的是用户规模和市场占有率，所以当其使用免费和不免费的价格策略时，用户规模的竞争是其关注的焦点，这也是中国互联网市场中企业价值的主要载体，是吸引风险投资的主要指标。当 A 厂商或者 B 厂商只有一方采取免费策略的时候，会获得更大的市场用户规模（$Q \gg q$）和全部的市场份额，但无法实现利润（$p \ll P$，且 p 约等于 0）。但在博弈论中，对博弈双方都是理性人的假设，博弈双方都会考虑对方采取的策略对自己受益带来的影响，于是都不约而同地采取免费作为自己的占优策略，于是（免费，免费）成为该博弈模型的唯一纳什均衡。尽管双方都采取不免费时，直观上可能带来的总收益要大于都采取免费策略的收益（不免费时毕竟可以收取货币回报，而免费虽然做大的用户规模，但无法实现货币回报），但厂商仍然竞相用免费策略，陷入价格竞争的"囚徒困境"，厂商的利润无法实现。这样博弈双方恶性竞争的结果弱化了整个电子商务行业的竞争力，企业要么忙于烧钱造市场规模，要么疲于应付如何盈利的问题，无暇顾及新技术和新业务的应用和开展，进一步加剧了平台厂商的无差异化。

2. 中国互联网平台寡头竞争的伯川德陷阱

平台厂商的差异化越小，同质性越高，实行定价策略时，就越容易导致市场的无序和恶性竞争。法国经济学家伯川德证明了假设厂商产品同质的情况下，当厂商采用价格作为自己的竞争策略时，均衡条件下的价格等于边际成本，企业的利润为零，陷入"伯川德陷阱"。

伯川德模型假定，当厂商制定其价格时，认为其他厂商的价格不会因它的决策而改变，并且 n 个（为简化，取 n = 2）寡头厂商的产品是完全替代品。A、B 两个厂商的价格分别为 P_1、P_2，边际成本都等于 C。由于 A、B 两个厂商的产品是完全替代品，所以消费者的选择就是价格较低的厂商的产品；如果 A、B 的价格相等，则两个厂商平分需求，见图 4 - 1（不免费，不免费）策略所示。然而，每个厂商都知道，它们的产品具有完全替代性，当其降价时，销量会大幅增长而挤出竞争者，谁的价格低谁就将赢得整个市场，而谁的价格高谁就将失去整个市场见图 4 - 1（免费，不免费），（不免费，免费）策略所示。因此，两个厂商会竞相削价以争取更多的顾客，直至价格等于各自的边际成本为止。即当价格降到 $P_1 = P_2 = C$ 时，达到均衡，即伯川德均衡，见图 4 - 1（免费，免费）策略所示。由此我们可以得到，寡头市场的均衡价格为 $P = MC$；寡头的长期经济利润为 0。

伯川德模型的结论表明：只要有一个竞争对手存在，厂商的行为就同在完全竞争的市场结构中一样，价格等于边际成本。我们得出的推论是，只要市场中厂商数目不小于 2 个，无论实际数目多大都会出现完全竞争的结果。

中国电子商务市场经过近十年的洗礼，伊贝的退出等越发清晰地表明中国电商市场已经进入了寡头竞争的"伯川德陷阱"。淘宝的崛起，并不是某种本土商业模式战胜国际巨头商业模式的佐证，而是中国互联网市场的伯川德竞争陷阱所致。而且，拍拍等厂商的跟随，致使这种伯川德竞争陷阱并没有因为国外厂商的退出而终结，而是在相当一段时期继续维持寡头市场的完全竞争格局。

跨越这一陷阱的办法就是引入产品差异性，找到定价方法和盈利模式。产品的差异性，是指一产业内相互竞争厂商生产的同类商品由于在商品物理性能、销售服务、信息提供、消费者偏好等方面存在差异，从而导致产品间不完全替代的状况。如果不同厂商生产的产品是有差异的，替代弹性就不会是无限的，此时消费者对不同厂商的产品有着不同的偏好，价格不是他们感兴趣的唯一变量。在存在产品差异的情况下，均衡价格不会等于边际成本。

二、多元化经营"跑马圈地"

美国大的互联网公司业务都普遍比较单一，它们提供相对专业的内容或服务，门户网站则提供入口。如谷歌（Google）专门提供搜索引擎，亚马逊专做B2C网络商店，伊贝则专门做C2C网络商店，脸书（Facebook）专门提供社交网络服务，雅虎专门提供门户网站入口。而中国的互联网公司大都多元化经营，既想做门户，又想提供内容，还要做服务。如腾讯即时通信做大用户规模后，进入了网络游戏、门户网站、电子邮件、电子商务、搜索引擎、网络视频、网络音乐、社交网络等几乎所有互联网市场，这在美欧等发达国家是绝无仅有的；中国的百度也不例外，分别在搜索引擎、电子商务、网络影音、网络存储等众多互联网市场提供产品和服务。这种现象与中国互联网市场的特性密切相关，由于互联网特有的低转移成本、基本功能免费和用户多方持有同类产品等特征，中国互联网厂商要想更好地锁定用户，就必须满足用户多样化的需求，进入多个市场领域经营，所以中国互联网市场上经常观察到具有一定实力的大企业都会渗透多个不相关市场来扩大自己的经营范围，维持更大的用户规模。也正是这种多元化经营模式，导致中国互联网的技术创新意识淡薄，大家都关注一些新兴的消费市场，而不去专注于产品质量的提升，更不去探索推动产业发展的破坏性创新技术。结果是中国互联网市场中同质化产品和服务盛行，创新性的清晰简单的商业模式难寻，普遍存在着抄袭国外甚至国内创意和商业模式的现象，加剧了互联网产业的恶性竞争问题。

三、向谁收费：双边市场与单边收费

互联网平台厂商的差异化问题，一直是业界与学界关注的焦点，这一问题也导致互联网业界曾长期难以实现盈利，因为只要一个平台免费，收费的平台马上丧失大部分市场。所以，要搞清楚互联网平台厂商的盈利模式，首先要认清其产业特征，互联网平台普遍具有双边市场特征，与单边市场有很大不同。双边市场中的交易平台面对价格弹性不同且相互之间存在网络外部性的两边，其制定价格策略时需要考虑市场两边的平衡和互补效应，为交易平台的两边吸引尽可能多的用户。而且，与单边市场不同，互联网平台企业的双边市场均衡价格通常与其边际成本不一致。当用户的需求价格弹性越高，间接网络外部性越强，对产品差异化要求越高时，平台就倾向于对这一方用户指定较低的价格，用户间网络外部性的存在限制了交易平台运用市场势力进行价格加成的能力，这使得任何想从一边用户获取超额利润的策略都将是自我毁灭的过程，而败走中国市场的伊贝等国际厂商就是犯了这个致命错误。

要解决中国互联网平台如何收费的问题，首先要明确互联网平台在双边市场[①]中向谁收费。这取决于至少两个方面：一是双边市场的两边需求价格弹性不同，双边市场定价通常对弹性较小一边的价格加成比较高，而对弹性较大的一边则价格加成比较低，甚至低于边际成本定价，或者免费乃至补贴。二是网络外部性在交易平台两边的不对称性，若一边用户的网络外部性较强，互联网平台通常以低价甚至免费吸引该边用户来培育客户基础，然后通过网络外部性的作用吸引另一边用户到平台上交易，并在另一边收取高价以保证平台的收入和盈利。

中国互联网企业发端之际，是通过向网民用户提供免费的门户网站信息、电子邮件服务，向另一边企业客户收取广告费的形式进行商业运作；2000年网络泡沫破灭前，中国互联网普遍未能寻找到有效的收费模式。2001年，百度推出竞价排名的商业模式，塑造了单边收费的成功范例，淘宝等电子商务类企业也成功在商家一边实现了单边收费，解决了中国互联网双边市场的收费问题。

---

① 本书所指的互联网双边市场平台包括两类：一是传统经济学定义的双边市场，即两组不同的用户在平台上完成交易，例如C2C电子商务平台；二是两组不同的用户虽未直接在平台上产生交易，但在平台上满足了各自的需求，例如即时通信、搜索引擎市场中的消费者和广告商。

四、怎么收费：歧视性定价模式

搞清楚互联网平台向谁收费后，就剩下怎么收费的问题了。2000年网络经济泡沫破裂后，收费即盈利能力成为互联网企业生存发展的关键。互联网企业的盈利方式一般有：广告费、风险投资、会员费和交易费。传统产业中广告费是主营业务的补充，风险投资是融资方式，但互联网企业起步阶段却主要靠这两种方式生存发展。2000年11月移动梦网出现之前，多数互联网平台企业财务状况差强人意，当互联网与移动网络联结在一起时，互联网企业才开始盈利，有了一定的经济基础后，互联网企业探索盈利模式的工作开始有所成效。为了摆脱中国伯川德竞争的困境，互联网平台企业在歧视性定价方面进行了探索。本节以即时通信和电子商务为例加以分析。

价格歧视是指消费者被划分为若干不同的群体，也就是整个市场被划分为不同的分市场，厂商对每个消费群体收取不同的价格。在同一个分市场上，消费者支付的价格是相同的，但价格在不同的分市场上是不同的。

（1）即时通信产品的价格歧视

即时通信（IM）不是互联网产业的领跑产品，但IM在中国的发展可以说是后发制人，很多互联网用户最先触网是登录QQ，据CNNIC（中国互联网信息中心）第29次中国互联网络发展状况统计报告显示，截至2011年12月底，中国网民规模达到5.13亿人，而腾讯QQ注册用户超过7亿人，同时在线账户超1.5亿人。但这样一个产品，却在移动梦网推出前几乎走到了末路，QQ曾一度推出注册号码收费业务，但很快因用户流失和竞争者替代压力放弃。移动梦网的出现，使其向愿意付费的用户提供收费短信服务第一次成为有效的盈利模式。之后QQ的增值服务利用三级价格歧视开辟了腾讯盈利的主要模式，也使即时通信、搜索引擎和电子商务成为三足鼎立的中国互联网巨无霸产业。现在腾讯Q-Zone满足用户群体交流和资源共享的需求，在QQ宠物、虚拟形象、空间装饰等个性化服务方面实现增值收费；同时在网络游戏，网络音乐等互联网增值业务上针对意愿付费消费者也收取了不错的回报。2011年腾讯总收入为人民币284.961亿元，互联网增值服务收入为人民币230.428亿元，占比为80.8%。

（2）电子商务平台的价格歧视

电子商务企业的主要的盈利方式应该是注册费和交易费，又由于交易的不可检测性，注册费是电子商务平台能够量化征收的唯一费用。收取注册费的盈利模式显然不能够满足蓬勃发展的互联网电子商务产业。现实中电子商务平台利用歧视性定价方式来挖掘那些愿意付费的人群，这事实上成为其实现盈利的主要模式。

具体而言，电子商务平台厂商作为卖家和买家的交易平台，其利润主要来源于两个方面：一是向卖家提供紧缺的店铺位置，发挥高效率展示商品的媒介职能，按照网站页面位置好坏来收取类似家乐福等实体超市的通道费；二是利用竞价排名提升被买方关注程度等方式收取费用；并提供相关辅助设施，如向买家提供舒适方便的购物平台和相关的销售服务，提升买家满意度、强化买方黏性来促使卖方付费。

中国的电子商务双边市场中呈现出买方需求价格弹性极大的特征，根据交叉网络外部性，平台厂商只能在卖方的一边实现收费，但卖方也有相当部分是不愿意付费或者说价格弹性极大，所以，平台厂商只能使用增值服务的形式（广告或竞价排名等）将市场细分，通过三级价格歧视实现盈利。

五、差异化破解"囚徒困境"

差异化也是破解伯川德陷阱的一个方法。本节以即通产品和电商产品为例。

（1）即时通信产品的差异化

即时通信（IM）市场是目前互联网应用最激烈的竞争市场，这一市场的特点是技术壁垒不高，但易学难精，中国现在有超过40家的厂商从事这一领域，大家都知道，IM市场中用户规模与市场价值成正比，故都不遗余力地扩展用户规模，忽视产品创新这个环节。然而，前文所述，产品差异化才是提升产品价值、摆脱伯川德困境的不二法门,所以,虽然有众多的厂商进入IM市场,却只有腾讯这个寡头能独领风骚,因为腾讯在用户体验方面做出了诸多举措和创新,使其在即时通信的用户区和社区领域具备核心竞争力,而不是人们关注的简单的市场占有率。互联网即时通信领域能够生存且发展不错的产品都是在差异化方面有所作为的,如阿里巴巴的淘宝旺旺定位为买卖双方的沟通工具,微软的MSN定位为商务人群联系工具并与Hotmail邮箱绑定。

(2) 电子商务的服务差异化到品牌差异化

既然电子商务平台需要凭借歧视性定价来吸引付费意愿大的用户,那么就需要提供有差异化的服务,用歧视性价格来收取那些价格需求弹性较小的卖家的费用。平台的增值服务帮助实现这一功能,具体有竞价排名、通道费等方式。当C2C交易中的卖家大到一定规模时,实际上可以是B2C（Business-to-Customer,商业零售）市场,此时卖家足够大到可以承担促销费或通道费①等成本,那么电子商务平台有可能籍此来实现盈利。2011年6月,淘宝拆分为淘宝、一淘、淘宝商城三家公司。淘宝商城就是淘宝网全新打造的B2C电子商务平台。其整合数千家品牌商、生产商,为商家和消费者之间提供一站式解决方案,提供100%品质保证的商品,7天无理由退货的售后服务,以及购物积分返现等优质服务。淘宝商城的布局就是为了解决平台厂商差异化的问题,试图通过差异化达到获取超额垄断利润的目的。独立拆分后的淘宝商城在2012年1月更名为天猫。其改名的用意是想要提升其定位、脱离淘宝集市百货的低端路线,跨上潮流时尚的路线。然而,出于对淘宝商城大幅提高服务费和保证金的不满,2011年10月11日出现了众多中小卖家集体攻击淘宝商城大卖家的群体事件,一些卖家商品因遭到非正常拍货而被迫下架。这些乱象再次表明虽然电子商务平台提高厂商差异化是其发

---

① 收取通道费这一商业惯例目前在国内外零售行业已经普遍存在,成为众多零售商的重要盈利模式。根据我国零售上市公司的数据显示,大部分大型零售商若扣除通道费收入,其经营将处于微利或亏损状态。以上海联华为例,2004年上海联华主营业务收入2.6亿元,通道费收入7.3亿元,如果没有通道费,其亏损达4.7亿元。

展趋势，但中国消费者极低的价格需求弹性将导致短期内卖家对平台收费的抵制。如何让中小卖家真正感受到电子商务平台品牌厂商所提供的服务和质量确实显著差异于一般厂商，是中国电子商务平台需要努力的方向。正如业内著名人士所说："亚马逊不仅是一条河，同时也是世界电子商务的伟大企业；星巴克不是咖啡，但它却代表了最大的咖啡连锁巨头和文化；天猫是什么？它就应该是时尚、潮流、品质、性感的代名词和化身。"

六、产融结合：插上互联网金融的翅膀

众所周知，互联网产业的产生与发展离不开天使投资和风险投资。但互联网企业要想找到一个理想的商业模式，则需要发挥互联网双边市场等特征，利用产融结合的思维去构造。经过10多年的积淀，中国互联网产业已经出现了一些产融结合的范例，如IM行业翘楚腾讯推出的Q币，将旗下众多产品线联结，与商场、影院的传统业态联盟实现虚拟货币的现实增值；又以IM产品为产，以多元化业务为融，同时在多个业务领域占据领先位置。搜索行业的巨头百度，则凭借强大的搜索技术，通过竞价排名、多元化拓展等方式实现产融的良好结合。当然，更主要的是在电子商务领域，产融结合的模式创造出又一具有双边市场特征的网络交易平台——支付宝、财付通等，改善了中国互联网产业的金融环境。

相当一段时期，中国第三方B2B、B2C、C2C电子商务平台主要是以供求信息发布服务为主的盈利模式。平台厂商通过为注册免费会员提供服务来提高知名度，增加用户对网站的认知度和体验，进而吸收注册收费会员；通过为注册收费会员发布企业资料、产品展示、商情信息及提供增值服务获得盈利。但是当会员数量发展到一个极限后，网站就只能靠提高会费来获得收益的增长。对于上市的电子商务平台企业，股民要求公司业绩能够持续增长，但公司的客户却不断要求能有物美价廉的平台，加之中国一定程度的伯川德寡头竞争格局，两边的需求如果得不到有效满足，平台的持续发展将受到影响。

中国的电子商务业界甚至学界有一个误区，过分地关注电子化等技术手段，而电子商务的关键应该是"商务"而不是"电子"，电子是实现商务的手段而非目标。随着中国电子商务市场的发展，用户的需求不单纯局限于接受基本的供求信息服务，而是呈现多层次的需求，希望平台厂商能够提供商务帮助工具，引入外部服务资源等解决实际经营问题的项目。

与之相适应，中国电子商务平台厂商开始提供多层次、多元化的服务，从帮助用户产生交易，走向了管理交易阶段，网络金融这一产融结合的产物开始出现。2003年10月18日淘宝网正式推出第三方支付平台"支付宝"，从产品上确保用户在线支付的安全，同时让用户通过支付宝在网络间建立起相互的信任，为净化互联网市场交易环境提供了重要的载体。2011年9月1日，支付宝日交易额达到30.4亿元，交易笔数达到1130万笔，远远超越此前的全球领先的支付公司PayPal。刚刚过去的2017年11月11日，天猫成交额是1682亿元，创下网购史的奇迹。

这种产融结合的互联网第三方支付结算模式，通过一定手段对交易双方的信用提供担保从而化解网上交易风险的不确定性，增加网上交易成交的可能性，并为后续可能出现的问题提供相应的其他服务，为用户提供了高质量的增值服务，从而使平台厂商增加了一种产融结合的重要盈利模式。以C2C市场的"支付宝"和"财付通"为例，至少它为买卖双方及银行带来了以下好处：第一，对于买方，"支付宝"和"财付通"采用与众多银行合作的方式，同时提供多种银行卡的网关接口，大大方便了网上交易进行，为买方节约了时间和成本。而且，买方可以根据卖方的信用登记决定是否购买，降低了网上交易的风险。第二，对卖方而言，"支付宝"和"财付通"能帮助商家解决实时交易查询和交易系统分析，方便卖家进行管理交易的同时提供及时的退款和支付服务。同时通过买家支付后所做的评级，第三方支付平台会对卖家进行评级，使得信誉良好的卖家获得竞争优势。第三，对于银行，"支付宝"和"财付通"可促成商家与银行的合作，银行可直接利用第三方的服务系统提供服务，帮助银行减少成本和业务量。第四，"支付宝"和

"财付通"可以对交易双方的交易进行详细记录，从而防止交易双方对交易行为可能的抵赖以及为后续交易中出现的纠纷提供证据。

七、产业链整合模式

新经济时代，产业链的构成日益复杂，成员之间虽有竞争，但更多地表现出相互依赖，产业竞争模式不再是单个企业之间的竞争，而是产业链之间的竞争。在激烈的竞争中，整合产业链中的各个环节，吸引所有成员企业参与价值创造活动，以实现协同共赢将是提升产业链整体竞争力的关键。

对大型电子商务平台厂商主导的纵向结构绩效进行分析、评价，除了消费者福利水平和纵向结构的效率两方面，还应该包括促销费[①]对中小零售商的影响和对制造商的影响两个维度。电子商务厂商作为交易平台的提供者，处于产业价值链的中端，一边联系着制造厂商和卖家，一边联系着零售厂商与买家，与众多企业在多个产业范围内实现价值的共同创造。电子商务链条既有 B2B，B2B2C 模式，也有 B2C、C2C 模式，见图 4-2。某种程度上，电子商务平台厂商不仅仅是一个商业链条，已经在企业与消费者之间形成一个无法脱离的网络型平台，加之其网络效应的强大，甚至超越了产业价值链的层面，而成为一种网络社区。谁能够整合好这一网络平台，谁将成为市场的主导者。前述的淘宝商城的种种怪现状即反映了这一事实。

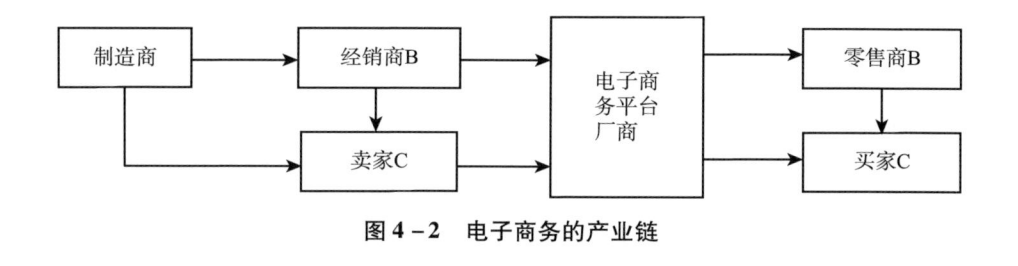

图 4-2 电子商务的产业链

---

① 电子商务与实体超市的差异在于不是向所有卖家都收取通道费，而是歧视性的向部分卖家收取促销费，而一般卖家是免费使用其平台的。

现在风靡全球的脸书倡导的开放式平台模式，很大程度上重塑了互联网产业链，扩充了全球市场。中国的互联网巨头也在尝试开放，百度在2010年通过庞大的基础架构建设，复杂的数据对接流程完善，构造并开始运行百度开放平台。腾讯也在2011年推出自己的开始平台计划，并在组织架构做了相应调整。可以预见，未来的中国互联网产业链整合将是厂商竞争的热点。

"水晶体系"六要素模型
——互联网竞争优势的来源

第二部分

  商业模式的核心内涵是：如何构造企业的业务系统和交易系统？如何在业务系统和交易系统的双系统中完成价值实现和价值创造？而且，选择更优的商业模式的目标是为了实现价值的非线性增长。本部分构建了互联网企业竞争的"水晶体系"，包括商业创意、产品黏性、资源投入、用户体验、用户基数和盈利模式六项核心要素，并探讨各项要素分别对互联网企业在追求竞争优势时会造成什么样的影响，结合起来时又会造成什么影响力。

第五章
"水晶体系"商业模式的逻辑与定义

早在20世纪50年代就有人提出了"商业模式"（business model）的概念，关于商业模式创新的实践也随着时代的更迭不断改变着模样。50年代的麦当劳、60年代的沃尔玛、70年代的联邦快递、80年代的戴尔直销，都打上了商业模式创新的标记。90年代随着互联网技术的发展和Internet的普及商用，伊贝（eBay）、亚马逊（Amazon）为商业模式创新的研究打开了另外一个视角，现如今互联网这股旋风还在越刮越烈，商业模式创新的风潮不仅出现在互联网行业，传统企业也正享受着由此带来的机遇或正遭受着挑战。学者早在1957年提出过商业模式研究，但对商业模式的普遍关注和研究是1999年以后的事。迄今为止，学术界对商业模式的概念本质并未达成共识，常见的商业模式定义有九模块论、商业活动系统论、利益相关者论，但这些定义未能很好地解释互联网平台和产品，与互联网产业实践还有一定的距离，而互联网恰恰是商业模式频繁爆发的行业。部分互联网业内人士对商业模式定义的理解也存在较大偏差：认为商业模式就是如何赚钱，Make Money、Money、Money；等同于盈利模式。

一、商业模式的逻辑

商业模式（business model）一词最早于1957年出现于论文中，对商业模式的普遍关注和研究是1999年以后的事。迄今为止，学术界对商业模式的概念本质并未达成共识。各派学者从不同角度给商业模式进行界定。经济类的界定把商业模式描述为企业的经济模式，本质内涵为企业获取利润的逻辑；与此相关的变量包括收入来源、定价方法、成本结构、最优产量等。运营类的界定把商业模式描述为企业的运营结构，重点在于说明企业通过何种内部流程和基本构造设计来创造价值；与此相关的变量包括产品/服务的交付方式、管理流程、资源流、知识管理和后勤流。战略类的界定把商业模式描述为对不同企业战略方向的总体考察，涉及市场主张、组织行为、增长机会、竞争优势和可持续性等；与此相关的变量包括利益相关者识别、价值创造、差异化、愿景、价值、网络和联盟等。整合类的界定则把商业模式描述为对企业商业系统如何很好运行的本质描述，是对企业经济模式、运营结构和战略方向的整合和提升。

本书界定的商业模式的本质含义是：如何构造企业的业务系统和交易系统？如何在业务系统和交易系统的双系统中完成价值实现和价值创造？而且，选择更优的商业模式的目标是为了实现价值的非线性增长。

二、互联网商业模式的定义

一直以来，商业模式创新研究存在两个方面问题：一是仅停留在抽象理论的探讨和推理，缺乏实际可操作性；二是局限于对个别案例的具体分析，缺乏理论系统性，以致这些研究在指导企业商业模式创新实践中的作用极其有限。理论上科学合理的定义需要运用理性思维融合实践经验来综合判别，本文的定义基于以下两个前提：一是商业模式应该是人或组织主观上与客观上经济活动的交集；二是商业模式的构成要素与行业高度相关，不同行业的商业模式需要通过不同的构成要素来反映其商业系统的运行。

而互联网商业模式的定义，须能够满足互联网把物理距离降低到趋近于零的特征，即具有较强的连接属性，这个属性不仅能打开和扩展企业边界，而且要能连接企业族群与相关产业；这个定义也应该不仅包括客观层面的经济活动，即交易层面的内容，而且要能包括主观层面的经济活动，即组织层面的内容。所以，我们界定的互联网商业模式的定义如下：

①公司业务系统与产业生态系统的交易组织结构；

②业务系统和关键竞争要素的商业组织结构。

根据这个定义，我们可知，互联网行业的关键竞争要素与传统行业应该不一样，故考察其关键要素就显得尤为重要。而互联网企业要建立竞争优势，仅仅凭借察觉一个新的市场需求或建立一个新的产品是不够的，重要的是，企业必须能够有效地运用企业赖以持续发展并获得竞争优势的各种资源，获得竞争优势的企业往往具备高的市场份额，良好的经济规模，技术或产品的领先与独特。但这些只是竞争优势的结果而非原因，关键的问题是哪些因素造成互联网企业最终建立竞争优势以获得以上各种结果。

三、"水晶体系"六要素模型

互联网企业建立竞争优势必须从六项核心要素来讨论，这些要素运用得好则会加强企业创造竞争优势的速度，运用得不好则会造成企业发展停滞不前甚至失败倒闭（见图 5-1）。本部分将探讨互联网企业竞争优势的构建，从六项核心要素的整合构造互联网产业分析的"水晶体系"[①]。

（1）商业创意——企业的起源

互联网企业的起点来自于商业创意，创意的战略决定发展的方向，创造性思维和企业家精神的结合是互联网企业诞生的源泉；同时具备先发性和大产业链战略格局的商业创意的生命力潜力无限。

（2）产品黏性——赢者得多数的关键

互联网企业成功的关键在于其产品黏性，包括内容、功能、社交网络和市场的黏性。产品黏性在互联网企业整个生命周期中起到关联和调节的核心作用。

---

① 为什么叫"水晶体系"：名字的命名本身就因人而异，在此取名为水晶主要基于以下三点考虑：第一，水晶是能量自增长的，与互联网产业网络效应的自反馈具有异曲同工之妙；第二，水晶是智慧的象征，和互联网的高科技属性相吻合；第三，体系从各要素的分布形状上，形似水晶。

（3）资源整合——必备的生产要素

互联网企业战车的燃料来源。完善的高科技企业制度把货币资本和人力资本的关系梳理清楚，辅以良好的社会资本环境，是互联网企业发展的必备要素。

（4）产品体验——满足无止境的需求

互联网是一种体验经济。细节决定成败，产品的易用性、响应速度、参与度和满足用户愉悦的需求程度是互联网企业竞争的决胜因素。

（5）用户基数——开启网络效应的钥匙

互联网企业赖以生存的基础，也是决定互联网企业发展前景的关键指标。达到临界容量是互联网争取风险投资的关键指标，是衡量企业是否有市场价值的风向标，扩大用户基数是每个互联网企业营销战略的首要任务。

（6）盈利模式——可持续发展的基石

成功的互联网企业一定有一个好的盈利模式，引导其走上规模可持续发展的道路。如果说商业创意是互联网企业商业模式的入口，那么盈利模式是整个商业模式的出口。

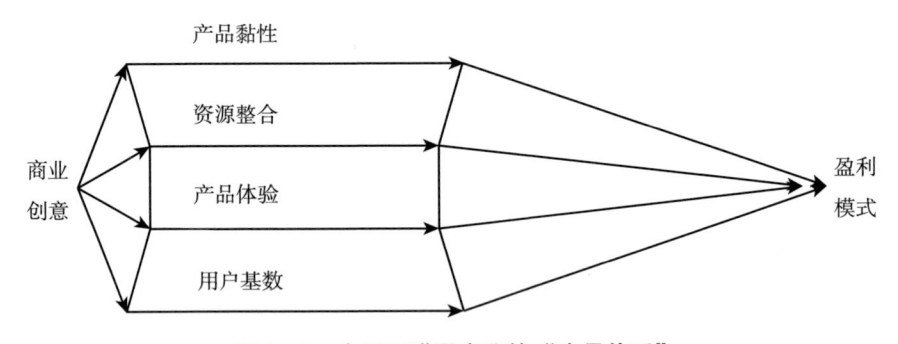

图 5-1　中国互联网产业的"水晶体系"

这些单一或系统的核心要素都关系到互联网企业的产生与竞争模式，六项要素集合而成的"水晶体系"关系到互联网企业竞争优势的建立成功与否，其中，商业创意是互联网企业的源起，产品黏性、资源整合、产品体验和用户基数是互联网企业发展的四大支撑，最终的盈利模式是他们共同作用、长期积累的质变结果。同时,"水晶体系"也是个双向强化系统,其中任何一项要素的效果会影响到另一项的状态。如,产品体验好,产品的黏性就高;用户基数大也对其中用户转移造成阻碍,也加强了产品黏性等。换言之,当互联网企业获得"水晶体系"中任何一项要素的优势时,也会帮助其创造或提升其他要素上的优势。

　　本部分将探讨申—傅"水晶体系"中的各项要素分别对互联网企业在追求竞争优势时会造成什么样的影响,结合起来时又会造成什么影响力。

第六章
商业创意：企业的起源

一、创造性思维铸就伟大的企业

互联网产业是新兴高科技产业，其发展的根源来自于创造性思维[①]，国际互联网巨头无不高度重视员工创造性思维的培养，从苹果的乔布斯利用 app store + iphone + ipad 产业链成功改变世界消费者生活习惯，到谷歌中国李开复倡导的创意文化和创新工厂，再到今天脸书为全球互联网用户服务的爆发式成长。互联网产业不断诞生世界上最有影响力的公司，离不开其创始人的创造性思维，这种创造性思维颠覆了传统的商业模式，是一种破坏性创造，是源创新的基石。纵观中国的互联网产业十余年发展历程，无数企业如大浪淘沙般优胜劣汰，真正能够屹立不倒，发展壮大的企业，必定具有良好的商业创意，或者是模仿[②]了国外优秀的创意（如百度模仿谷歌，QQ 模仿

[①] 创造性思维就是指发散性思维，这种思维方式，遇到问题时，能从多角度、多侧面、多层次、多结构去思考，去寻找答案。既不受现有知识的限制，也不受传统方法的束缚，思维路线是开放性、扩散性的。它解决问题的方法不是单一的，而是在多种方案、多种途径中去探索，去选择。

[②] "模仿到底有无创新之处"，很多学者持怀疑态度，本书中的模仿是相对于熊彼特提出的企业家创新而言，在南方（发展中国家）的企业家模仿活动类似于北方（发达国家）的企业家的创新活动，要面临不确定性风险，要投入大量资源，平均而言，模仿成本相当于创新成本的 65% 左右 (Mansfield, Schwartz & Wagner 1981)，由于南北方在技术水平上的差距，一般而言，南方的创新就是对北方的模仿，而这种模仿活动实际上就是南方企业家谋求利润的决策过程。

ICQ，淘宝模仿伊贝），并运用创造性思维开发出了新的创意产品。

创造性思维包括整合创新、反向创新、极化思考和换位思考等多个方面。

整合创新是把两个领域的问题联结在一起实现新的功能。例如，谷歌整合了搜索和广告业务，百度贴吧整合了搜索和BBS；雅虎整合了邮箱和新闻，新浪整合了新闻和微博，网易整合了邮箱和广告；脸书整合了开放平台与第三方应用，腾讯整合了即时通信和博客空间；伊贝整合了电子商务和个性化拍卖，阿里巴巴整合了电子商务与金融支付工具。

反向创新是逆向思维的一种，颠倒以往的逻辑，突破现有模式。例如，提供网上开店的环境并收取店租和交易费是伊贝的成功模式，后进入者淘宝则反其道而为之，偏偏不收取任何店租和交易费，却通过广告和其他服务收费，同样在中国市场上大获成功。

极化思考是极端化某种科学思考或科学逻辑的情形，是科学研究常用的假设检验方法，现实中运用该方法可以极化情形和反转思维，找到新的思路。Web2.0的产生是典型的例子。Web2.0时代之前的网络公司，都是按照自营服务的理念进行企业经营，假设市场是完全的，理论上可以推导出市场最大的公司应该可以提供丰富的产品或服务来满足人类的所有需求。但事实上这样的结果不可能发生，因为那样公司过于庞大以至于组织成本高昂、信息高度不对称到无法管理，而且用户也会因网站结构臃肿复杂而无法找到和使用自己需要的服务。基于此，Web2.0的出现可以解决这个问题，以用户个人需求为出发点，通过定制、关联推荐等智能化的方式把产品或服务推送到相关用户面前，这也推翻了第一代网络公司的运营模式。

换位思考是变换一个立场或者问题的侧面和角度，找出新老问题的症结，并整合二者的切合点系统性解决。2002~2003年时，很多人开始做网络游戏，但网络游戏行业没有方便、普及、成本低且可靠性高的网络支付体系，很多企业都因此铩羽而归，不得不等待市场的成熟和支付体系的完善。但盛大公司却另辟蹊径，构建线下和线上相结合的支付方式，推出游戏点卡，线上使用，线下销售，并利用网吧渠道进行推广，很好地解决了网络游戏的支付问题，其创新性的推广体系也成为业内的一大亮点，之后被众多公司模仿使用①。

二、企业家眼光和格局影响成败

（1）先发战略

互联网企业的先发优势是制胜于市场的关键要素之一。例如，雅虎在美国最早做门户，在中国最早是新浪做门户；谷歌在美国最早做搜索，在中国最早做搜索的是百度；亚马逊在美国最早做电子商务，伊贝最早做C2C，中国最早做B2B是阿里；美国最早做IM是Skype，中国最早做即时通信是腾讯，这些最早在某一领域先发的企业都在其后的竞争中始终保持着第一品牌的先发优势。先发战略说起来容易，做起来非常难，这是企业家精神的重要体现之一。首先，先发战略要看的准，互联网创业风险大、成功率极低，在多数人对产业认识尚不清楚的时候先发创业本身就是一件冒险性很高的事情。在多数情况下，基于安全理性的考虑，经理人宁愿选择从众的信息追随做法，也不愿去选择与常人观念相违背的创新的行为。企业家精神在此时就发挥作用了，当然，创新企业家不是凭空臆断的，他的成功来自三个方面的必然：第一方面是要具备获取信息、审时度势、综合判断、预测趋势等能力；第二方面是能有敢为天下先，不落俗套，不惧权威的创新精神；第三方面是杰出的经营管理能力，具备技术的市场化能力，能够把前瞻性的技术和商业应用转化为现实生产力的能力。

（2）战略格局

互联网是新兴产业，可以填补的空白很多，但能够做成大生意的很少。很多互联网公司始终保持较小的规模，难以持续成长，很重要的原因在于创业时的战略格局太小。纵观世界互联网产业发展，但凡现在成功的大公司，都是从创业时起即有一个大的战略目标或愿景：微软在创立之初其理想就是

---

① 谢文在《为什么中国没出Facebook》一书中曾提出创造性思维中的偷换命题思维，并以盛大网络的例子加以佐证。

让每家每户的每张桌面上都有一台个人电脑；雅虎要做让人人都在用的门户；谷歌要搜尽全球信息，为全世界提供免费的搜索；脸书则要为全球的互联网用户提供服务，让整个世界变得越来越透明，越来越相互连接。正所谓"格局决定结局"，拥有大的战略格局的创业者，在产品规划、设计的各阶段都努力使自己的产品、技术和服务具有广泛的开放性、通用性、可扩展性等等，才最终使这些公司得以开拓无限的潜在市场，吸引广泛的互联网用户，最终成就伟大的事业。反观那些始终难以长大的互联网企业，它们在战略格局的设定上，都或多或少地存在着战略格局偏小，潜在市场有限，无法达到有效的网络规模经济等问题。

三、产业链定位——赚快钱还是做平台

中国改革开放三十多年的经验和成就巨大，但教训也不少，沿海制造业的发展迅猛，为中国成为世界工厂奠定了坚实基础。但也不断有学者和各界专家诟病中国制造业被锁定在全球产业价值链的低端，处于微笑曲线的最低端的加工环节，附加值也最低。以苹果的产业链为例，一部售价800美元的iPhone，苹果通过"设计研发"环节拿到360美元，韩国通过"硬件提供"拿到187美元，中国通过制造环节仅拿到6.54美元，但生产的资源和能源消耗大部分在中国。

中国互联网产业发展基本上沿袭美国等发达国家的主题路径，从门户、电子商务，到网络游戏、SNS和网络视频等，无一缺席，基本上秉持着美国"热"什么，中国"Copy"什么，且羊群行为非常明显，中国的创业者充分发挥了模仿的能力，但他们多数人都忽略了同样的产业链定位问题。互联网产业有特殊性，但也具备一般产业的价值链条，所处产业链的不同，往往成为最终企业做大的关键因素。很多创业者初期由于缺乏资源、能力和经验，就简单抄袭国外甚至国内热门的产品和商业模式，但这样的公司成功的几率极小。互联网平台实际上扮演着产业链上游的位置，相当于传统产业的研发设计环节，当然这个环节不简单，不是随便模仿和抄袭就可以做好的。而基

于互联网平台产生的应用和服务属于互联网产业的下游，相当于传统产业的制造环节，相对容易模仿和抄袭。综观中国的互联网产业，不难发现，定位在上游的平台厂商，开始可能发展缓慢，但随着时间和经验的积累，用户会不断上涨，正反馈效应也非常强，而且因为是上游，其带动的下游应用和服务也多，其用户价值和市场价值会越来越大；而定位在下游的厂商，起步可能较快，短期发展不错，但扩张空间有限，随着时间的推移和后续厂商的进入，其发展反而会受到限制。我们看到，淘宝自己不卖任何产品，却撑起当之无愧的中国第一电子商务平台；百度只做搜索，一度曾为其他门户网站打工，后来却让全中国的网络公司与线下公司给它打工；腾讯凭借一款即时通信软件，却成就了中国第一网络帝国，年产值达上百亿美元（见图6-1）。

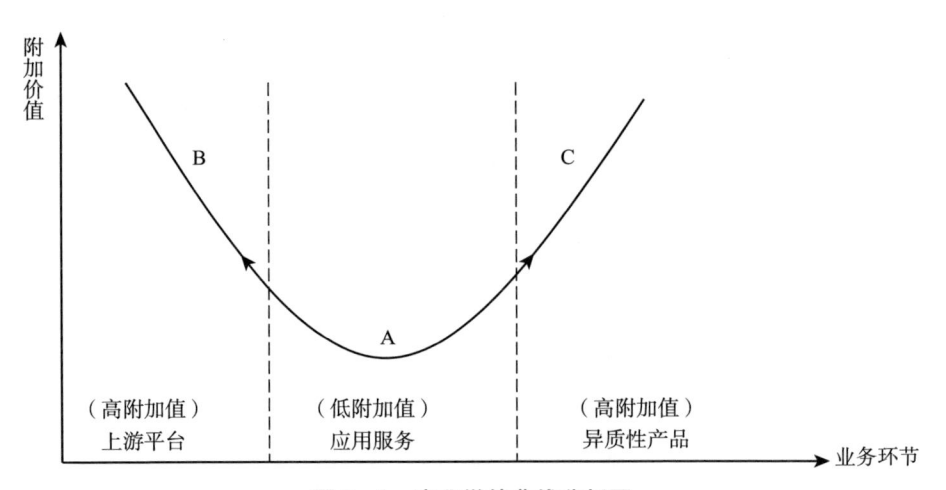

图6-1 产业微笑曲线分析图

第七章
产品黏性：赢者得多数的关键

黏性①是指用户对某一网站或者是某一网络产品和服务的重复使用度、依赖度和忠诚度。通常用网站或者是网络产品吸引与保留访问者，并延长其停留时间的能力来描述。具体的黏性用网站示例，表现为：第一，是网站用户的回头率，即用户浏览网站的频率；第二，是用户深度阅读网站内容的程度；第三，是用户与网站之间或者是用户同用户之间的互动性程度，如用户是否经常对网站的内容发帖、点评、留言等；第四，是用户对网站的品牌认可度。换成互联网客户端软件，类似的情形是用户是否经常使用某一客户端软件；是否经常使用客户端的增值功能；是否利用该客户端与其他用户经常互动；是否成为该品牌的追随者。

本书提出互联网产品黏性的定义：即用户对互联网产品的参与和依赖程度以及用户脱离该互联网产品的阻力程度。其中，用户使用互联网产品的频率和每次使用的时间长短来衡量用户对互联网产品的参与度；用户使用互联网产品获取信息、社会交往等功能的不可替代的程度来衡量用户的依赖程

---

① 黏性其实是一个物理范畴的概念，它的意思是指油墨被断裂分离时抵抗阻力的量度。在一般情况下，黏性与流动性成反比，即黏性越大，流动性越小；黏性越小，流动性越大。在这里，我们借用它独特的特性，来描述互联网产品的一些特性。在经济学中，黏性包括价格黏性、工资黏性等，通常是指商品价格的不易变动性。在网络经济学中，黏性是一个新术语，它结合了网络特性与访问者的行为特征，现有研究一般根据侧重点的不同，从网站与访问者两个角度去理解黏性的含义。

度；用户放弃使用互联网产品时受到来自客观环境的阻力大小来衡量用户脱离互联网产品的阻力程度。我们可以从内容、功能、网络和市场四个方面来划分产品黏性的来源。

一、内容为王——门户时代

互联网门户网站提供的信息浏览与互联网接入服务是互联网产业最早的内容服务之一，它满足了互联网用户信息获取的需求，1998年开始，中国互联网三大门户：网易、搜狐、新浪相继出现，中国进入门户时代，群雄逐鹿，门户战场上各网站争夺的是消费者的眼球，注意力经济也随之到来。

而信息内容吸引人的程度就是所谓的内容黏性。新浪是互联网信息内容提供商中的翘楚，其财经等板块在业内公认做得最好。而网易在电子邮箱方面的成功也是有效吸引用户的因素，也为其广告业务带来了巨大的推动作用。2003年后进入门户市场的腾讯也通过其特有的QQ即时通信平台拓展了弹窗式网络门户，在生活娱乐方面凸显了腾讯的特色优势。几大门户都通过其特有的优势保持了用户的忠诚度、使用该门户的高频率以及较长的驻留时间。

网络游戏是另一种互联网内容黏性很强的产品，从网络休闲棋牌类游戏到大型网游、虚拟社区游戏等，其提供的游戏内容都能较好地吸引和满足用户的娱乐需求，且娱乐需求是目前中国互联网最大的付费需求，也是黏性非常高的内容服务，所以我们观察到几乎所有的互联网平台厂商都涉足这一领域。

二、功能制胜——搜索之王

互联网搜索引擎服务是产品功能的黏性的表现之一，百度是中国互联网产业的迟到者，2000年百度创立之初，网易、新浪、搜狐等品牌已经名声大噪，李彦宏却知道，"互联网这个金矿是建立在技术沙漠基础上的，到了一定时候，那些网络淘金者会发现，最珍贵的恰恰是被人们最初忽视的水。"① 这里的水就是互联网的核心技术应用，而李彦宏的百度就是为互联网门户和企业提供搜索引擎服务。2001年，中文搜索引擎市场的竞争格局已经很明显，百度和谷歌是这个市场的两大竞争主体，百度处于先发优势，占据80%的市场份额，但谷歌的强劲实力仍不容小觑。李彦宏在2002年依靠创设独立网站、实施竞价排名和针对谷歌提升搜索质量的"闪电计划"三个步骤奠定了百度日后成为影响中国互联网产业的超大公司的地位。在2003年6月，《中国电脑教育报》举办了历时一周的"百度VS谷歌——两大搜索引擎对决搜索之巅"万人公测活动，经过科学严谨的测试，55%选择了中文搜索"百度比谷歌好"，让百度成为真正的"中文搜索之王"。今天的百度已经成为中国最大最赚钱的互联网公司，虽然日后有多家互联网平台厂商推出了类似的搜索引擎服务，如搜狐的搜狗、腾讯的搜搜、网易的有道等，但都无法撼动百度的市场支配地位，这与搜索引擎的功能黏性以及搜索质量的性能黏性有必然联系。当然，功能黏性的例证还可以扩展到即时通信、免费邮箱的社交和联系等多种功能。

三、社交网络——迈向 Web2.0 时代

SNS社交网络的黏性是互联网产业新兴的一大业态，也是互联网产业黏性非常大的形态。国外一项调查显示：用户利用社交网络的账户登录之后，在网站停留的时间会比用网站账户正常登录的时间长50%。社交网络账户登录用户在网站上浏览的页面是正常登录的两倍。而美国社交网络的选择方面的分布是这样的：有61%的用户选择了脸书（Facebook），15%的用户选择了雅虎，12%的用户选择了谷歌（Google），10%的用户选择了推特（Twitter），剩下的2%的用户选择了领英（LinkedIn）。可见，基于SNS关系链的用户分布最大的类别是好友关系网络、之后是商务和职业等关系网络。

---

① 武帅. 中国互联网风云16年 [M]. 机械工业出版社，2011.

中国互联网经历了十余年的洗礼，社区网络类型的网站也如雨后春笋般成长，许多社区类型的网站会建议用户注册账号以便更好地吸引用户，增加访问量和停留时间，而用户为了发帖等站内的交互也必须注册账号，如ChinaRen，天涯以及各种专业论坛等。这样一来，相比访客状态用户的黏性的确增加不少，但国外研究发现，如果仅仅利用网站自己的社区吸引用户还不够，更好的方法是将脸书，推特这样的社交网站融合进来。中国虽然还未出现如脸书般的公司，但腾讯QQ以另外一种社交网络形态——即时通信工具捆绑多种服务，达到了社交网络黏性的极大化，如QQ空间、QQ微信、QQ微博等相关产品大大拓展了腾讯的社交网络关系圈，整合了QQ用户和手机用户，实现了好友互动式共享空间的搭建，加强了腾讯产品的整体黏性，令腾讯得以在多个领域同时和互联网几大平台厂商竞争而不显劣势。

四、市场的黏性——电商魔力

互联网电子商务平台具有明显的双边市场特性，而双边市场的交叉网络外部性造成的市场黏性是互联网电子商务平台竞争胜出的关键要素。国外调查表明，伊贝的用户在网站驻留的时间明显长于其他网站，好比人们在逛商场时，商家和产品品类的多寡不仅会影响客户的多少，还会影响客户停留的时间长短，而客户停留时间长短也会影响商家进驻平台的意愿。典型的例子是阿里巴巴旗下的淘宝网，虽然后来出现了多种C2C的电子商务平台，但没有一家能够与淘宝真正抗衡。淘宝市场的黏性发挥了吸引双边市场用户并加以强化的作用。

第八章
资源整合：必备的生产要素

一、制度资本——被动国际化的塞翁失马

互联网等高技术产业对产权和合约权益保护制度的要求远远高于传统加工制造业，而中国长期被锁定在国际分工的低端与中国的产权及合约保护制度选择不无关系。互联网产业的发展既需要外部宏观制度的保障，也需要内部与高技术公司治理结构相适应的制度环境。机缘巧合或者说是因祸得福的缘故，中国互联网起步超前于中国的宏观制度准备，新创的互联网公司在未被国内资本认可的前提下无法得到国内的风险投资和银行贷款（2005年前大体如此），而国内的各种法律制度也没有设计投资公司的退出机制，所以，互联网公司不得不在海外注册后获得外国风投的注资，通过复杂的合法机制安排和隐秘的协议控制手段，实现国内经营与海外上市，满足了融资与风投退出的两重目的。这种一开始就具备的被动国际化基因，使中国的互联网产业积累了其他传统产业所缺乏的制度资本，这种制度资本突出地承认和保护了无形资产在互联网企业中的核心地位和作用，也承认和保护了企业和员工在企业未来成长获利的价值和作用，以法律的形式将企业参与者各方的职责权利及相互监督机制确立下来，确认董事会、经营团队的职责权利，也就确认了企业运转的各项机制，包括决策、执行和监督机制，在这些机制下创始人、投资机构、经营团队的利益得以保障。这种制度降低了公司运行的

交易成本，避免了公司内部无休止的博弈内斗，提高了合约权益实现的可能性和效率。某种意义上讲，国内目前流行的风险投资、海外上市、期股期权、CEO等概念都是受到互联网产业的驱动和影响。

纵观中国互联网发展十余年企业兴衰，不难发现，成长壮大的企业基本上都是接受并持之以恒地坚持实施现代高科技企业制度的（盛大、网易、腾讯等），而中途夭折和衰落的大都在执行高科技企业制度时或多或少地出现了偏差（王峻涛的8848、张树新的瀛海威等）。

二、人力资本——企业的核心资产

人力资本亦称"非物质资本"，是指劳动者受到教育、培训、实践经验等方面的投资而获得的知识和技能的积累。这种知识与技能可以为其所有者带来工资等收益，因而也被称为人力资本。从产权角度看，人力资本有三大特征：一是人力资本天然属个人；二是人力资本的产权权利如果受损，其资产可以立刻贬值或下降为零；三是人力资本具有主动性，会自发地寻求实现自我的市场。基于以上三点原因，人力资本必须要靠激励机制来发挥其作用。由于高科技产业的特质，人力资本的重要作用越发受到重视，各种激励机制不断被探索和建立。互联网公司尤其如此，人力资本是互联网公司的核心资产，所以，尽可能地调动和发挥人力资本积极性是互联网公司成功的关键。人力资本的激励方式大体有三种：第一是产权激励，即人力资本要参与企业的股权分配；第二是人力资本的地位激励，即CEO的权力来源于人力资本，通常是互联网企业创始人出任；第三是企业文化激励，是靠创业热情，类似于宗教的、意识形态、信仰的东西，创业团队秉持着将企业做大上市的信念，是一种无形的激励。互联网普遍实行的现代高科技企业制度是这样一种安排。这种制度在互联网公司特别重要，因为在互联网产业，人力资本比物质、货币等硬资本具有更大的增值潜力，风险资本等市场的不断成熟使得好的创意并不难获得投资，关键在于该创意的团队人力资本能否发挥其创新精神，有效配置各种资源，将公司做好，成功做强做大。

人力资本在互联网产业中得到的承认和尊重是其他传统产业中不可比拟的，但投资者对于人力资本的监督与控制也一直是货币资本与人力资本博弈和角逐的核心，有些互联网创始人在与资本的博弈中黯然退出（如新浪的王志东、瀛海威的张树新等），而有些则在这种高科技企业制度下风险投资与人力资本博弈中大放异彩，在融资后也没有使创始人股份大幅稀释（如网易的丁磊、盛大的陈天桥）。

三、货币资本——燃料还是方向盘

资本强权在中国的企业界非常盛行，其依据是主流的企业理论"资本雇佣劳动"的"股东主权"逻辑，认为是资本家雇佣企业家进而雇佣一般工人在组织内部生产来实现"组织租金"。而以熊彼特的追随者们在企业家与资本的关系问题上持"企业家中心主义"观点，认为现代的资本市场一般能够使一个企业家获得他们需要的任意数量的资本，因此资本并不构成其成为企业家的约束条件。

众所周知，互联网是个烧钱最快的产业，在互联网公司发展初期，资金才是硬实力。货币资本是互联网公司成功的必要条件，没有资金，任何互联网公司都不可能顺利度过创业初期的艰难时刻，业内成功的互联网公司无不是从风险投资融到巨额资本得以发展壮大的。无论是马云的阿里巴巴、马化腾的腾讯还是李彦宏的百度，都离不开风险投资的注入。但是我们也需要清醒得认识到，资金是互联网公司这台战车前进的燃料，但不是发动机，也不是方向盘。互联网创业团队被货币资本所控制，丧失了公司的决策权力，最后惨淡收场的案例不胜枚举。但是风险资本也有不得已的苦衷，因为中国的市场经济环境不成熟，大部分互联网创业者没有市场经济的基本概念和经营管理经验，又不愿授权给职业经理人，而且职业经理人也很不职业，毕竟互联网产业是新兴市场，缺乏长时间的浸泡和渲染。风险投资方为了所投入资金的安全，干脆不顾西方的游戏规则，亲身上阵，从投资预算到人力资源，从产品管理到网络运营，全方位插手管理，最终，资本强权的逻辑取代了互联网高科技企业制度,从而造成了王志东、王峻涛等一批悲情人物。

四、社会资本——创业软环境的集聚力

社会资本一般指个人或团队在社会结构中所处的位置带给他们的资源,这些资源包括公共资源、产业链与产业组织关系,以及人与人之间社会网络关系。

互联网创业活动倾向于选择开放程度高、人才、资本、信息、资源集聚的地方,中国知名的互联网公司基本都集中在北京、上海、广州、深圳、杭州等中心城市,这些城市的硬件和软件基础设施、创业文化(如北京的大视野、上海的执行力、广东的实干精神)等组成的社会资本减少了互联网公司创业初期的成本和苦痛,提高了公司成功的概率。其实,环顾世界互联网产业发展,基本上都是在高科技社会资本高度发达的地区,美国的硅谷之所以成为世界IT业和互联网产业之都,与那里多年积累的雄厚的社会资本密不可分。硅谷所在地拥有斯坦福大学、加州大学伯克利分校等在内的8所大学、9所专科学校和33所技工学校,这些高校与企业保持着高度的联系,为企业提供了源源不断的创新人才;高校内的科研成果也可与企业实现无缝对接;同时硅谷非正式的聚会场所也为企业和高校的精英提供了交流的平台,脸书创始人扎克伯格如果不在硅谷,他能有几次与乔布斯交流的机会?同时硅谷的大量风险投资机构和容错文化氛围也为创业者提供了更多的机会。

第九章
产品体验：满足需求无止境

某种意义上说，互联网是一种体验经济，产品体验是满足消费者需求的重要方面，如果一个产品技术水平高而产品体验差的话，它注定难以攫取市场份额。外国互联网产业巨头折戟中国市场，很大程度上由于其提供的服务不符合中国人的消费习惯，而中国本土互联网企业凭借更适合中国人消费体验的产品，迅速占领市场，在中国大多数产业普遍存在"市场换技术"现象的同时，走出了一条不同的道路，以更好的产品体验、免费的价格策略等竞争方式击败互联网国际巨头，成为中国市场的绝对领导者。那么，产品体验应该包括哪些因素呢？本书结合国际标准和中国互联网市场竞争情况，加以改进综合，提出易用性、响应时间与延迟、参与度、愉悦度等指标来衡量产品体验效果。

一、易用性——吸引大众消费者的根本

易用性指的是产品对用户来说意味着易于学习和使用、减轻记忆负担等。产品易用性好可以表现在多个方面：一方面可能是因为产品功能少，界面简单，典型的如苹果推出的 iPhone、iPad 等，拥有简单的外表、复杂的内核，互联网产业中谷歌、百度等也具有此特征；另一方面也可能是用户认知成本低等因素，即使用起来易于学习和记忆，像腾讯 QQ 的登录和即时通信功能简单易学易记。而且，同样的产品，功能、界面和环境都相同，对于不

同的用户而言，易用性也是不同的，因为用户的认知能力，知识背景，使用经验等都不同，比如说Windows 7，有的人认为很好用，很顺手，但是也有人觉得很复杂，没有Windows XP易于使用；还有腾讯QQ的不同版本，也有不同用户有着不同的评价和争议。

易用性是互联网产品获得市场用户的关键环节，一个复杂的界面和功能无法吸引大众消费者，中国互联网发展的历史无数次地证明了这一点。

二、响应时间与延迟——伊贝折戟中国的原因

响应时间和延迟是互联网产品体验中非常重要的维度，响应时间和延迟的长短直接影响用户使用的感受，如果网页打开速度慢或者产品反馈速度慢，用户必然难以保持持续的产品体验热情。淘宝在中国市场上战胜伊贝可以部分归因于这一问题。伊贝在2004年9月17日宣布与伊贝的国际平台正式对接，旨在使得伊贝会员参与到全球交易的大环境中，希望有更多的国际买家与伊贝会员发生交易。但是成长于国内的伊贝在升级为伊贝的国际平台的一部分后出现"水土不服"，由于整个平台从页面形式、交易程序、信用评价机制等方面都向伊贝网站转型，众多多年的老用户一时难以适应。而且，整个伊贝平台在整合之后，因为服务器搬到美国，需要经过漫长的中美海底电缆，导致登录时间过长、反应慢，产生了非常不好的产品体验效果，使用户不耐烦，且页面风格也不适应中国人的使用习惯[1]。同样的事情也发生在谷歌中国，它将服务器转移到中国香港之后，其响应时间也受到一定影响。

三、参与度——成就"小米"的法宝

参与度是全面、细致地衡量互联网用户的产品使用频率等，一般可对产

---

[1] 与淘宝喜庆热闹的风格相比，伊贝美国式的简约风格显得过于朴素淡雅。

品各功能的使用进行统计,例如:Qzone 产品的参与度可以考察 Qzone 用户发表的空间日志数量、频率,等等。用户参与度也是有效衡量产品黏性的指标之一,用户对产品功能使用频率高意味着参与度高,进而留在网站的可能就更大,产品黏性相应也更高。

用户参与度比传统 PULSE 指标体系(Page view 页面浏览量;Uptime 响应时间;Latency 延迟;Seven days active user 7 天活跃用户数;Earning 收益)中的用户活跃度更能细致地量化用户对产品的使用情况。因为七天活跃天数只是统计一周内使用该产品用户之和,是一个描述性总量,只能反映一个结果,而不能揭示成因,用户参与度通过对用户使用产品功能的统计,对于改进产品体验有直接导向的作用。

"小米"手机的成功很大程度上归功于用户参与。小米和雷军的背后凝聚了一群百万级的粉丝用户,本质上是用户参与成就了小米。互联网思维是一种用户至上的思维,是能真正把用户当朋友,而不是垄断企业口中的"顾客是上帝",不付钱的都滚一边去。小米对用户的经营,可以说是煞费苦心,不但 CEO 亲自站台当客服,还不定期举行各种线下粉丝交流会,其积累的粉丝用户价值如果折算成广告即使比不上一个 CCTV 也顶得上一个省级卫视。比如,小米论坛 1000 万注册会员,每天有 100 万活跃用户,微博账号有 200 多万粉丝,微信账号订阅数是 256 万,QQ 空间粉丝数超过 1000 万人,MIUI 系统用户 3000 万人。

四、愉悦度——QQ 制胜之道

愉悦度用以衡量互联网用户在产品使用过程中的心情感受,和品牌偏好度一类的指标类似都属于定性研究的范畴。例如,微软的 MSN 和腾讯的 QQ 都是做 IM 即时通信产品,微软在中国的计算机操作系统具有毫无疑问的垄断地位,其捆绑于 Hotmail 邮箱的 MSN 面向商务人群,与腾讯 QQ 的偏娱乐的风格形成市场分割,对腾讯形成了巨大的威胁。腾讯 QQ 在产品体验的愉悦度方面远远超过 MSN 的呆板形式,其外观、功能等设计都更符合中国年轻消费者的习惯，在崇尚体验感受的年轻人中具有远高于MSN的普及率，而且随着时间的推移，这些年轻人成长起来变成商务人士的中坚力量，这时腾讯的市场份额更大了。腾讯与微软的这场备受关注的争夺战在无声无息中以腾讯垄断IM市场大部分份额而告终，其中，QQ愉悦的产品体验不能不说是一个制胜的关键要素。

第十章
用户基数：开启网络效应的钥匙

一、目标用户定位——支持达到临界容量的用户基数

互联网产业是一种基于高技术产品的新兴的应用和服务。通常在早期，接受新生事物能力强的人群会率先使用高技术产品的应用与服务，随着最初使用者对产品价值的认可，网络特有的"病毒式营销"使用户群规模不断扩张，达到临界值后会爆炸式增长。中国互联网引进中国后也经历了这样的一个过程，2008年中国网民数2.21亿人，超越美国，跃居全球第一；截至2014年12月，中国网民数6.49亿人，是美国总人口数的2倍多。

中国有如此大的互联网用户基数，吸引了众多的互联网创业者。然而，如何做目标用户定位，是一个决定互联网企业成长格局的问题。谢文在《中国为什么没出Facebook》一书中把互联网业务分类为：一是核心市场（邮件、即时通信、Web2.0平台）；二是通用市场（搜索、新闻、游戏、音乐、视频、商务）；三是外围市场（教育、招聘、旅行、交友、炒股、论坛）。通常情况下，核心市场和通用市场定位的互联网公司会拥有较大的目标用户群，非核心市场和外围市场定位的互联网公司目标用户群显然会有所局限。如中国互联网核心市场中做邮件服务的网易、做即时通信的腾讯；通用市场中做搜索的百度、做新闻的新浪、做游戏的盛大、做商务的阿里巴巴、做视频的优酷等，在目标用户定位上选择了大众的市场，潜在的用户基

数庞大，较容易获得高速增长和大的用户数，较容易达到互联网企业临界规模。

二、临界容量——企业成长的最小规模

互联网产业中由于网络外部性的存在，新的网络性应用与服务必须突破一个临界点后才能生存下去，用户数不能达到临界容量的企业，其市场会逐渐萎缩为零，临界容量也是企业进一步发展的最小规模。用户数达到临界容量的产品，由于网络效应的原因，其产品或服务的价值会快速上升，同时产品本身也会引发自反馈机制，形成高速增长。所以，互联网企业是否达到临界容量也成为吸引风险投资进入的重要考量标准。

每个企业都希望其产品规模迅速突破临界容量，实现快速增长，成为市场的主宰。那么，哪些因素决定了临界容量就成为一个至关重要的问题。各种理论与现实实验表明，临界容量是一个不稳定的值，新产品和新技术的演进过程中既有规则和必然性，也存在不规则和偶然性，蝴蝶效应就是这种偶然性的现象。这种混沌与规则共生的情形意味着临界容量的决定因素是一个多因子的复杂系统，包括如下内容。

（1）消费者特征

每个不同的消费者群体，都有着独一无二的消费者特征，这种特征决定了企业策略应用的场景。因而企业在扩张之前，都应该首先进行市场调查，或许无法获取消费者的完全信息，但哪怕只是全部信息的一部分，都可以使得企业有针对性地制定更加合理的发展策略。

（2）价格

价格从来都是竞争的重要因素，尤其是中国市场的消费者对价格极其敏感，故价格战一直充斥着中国的各种市场。互联网时代，价格不再是消费的唯一决定因素，但仍然发挥着不可替代的作用，从电商的"低价"和平台"免费"到滴滴和优步的"补贴"策略，价格竞争都在互联网市场中不断上演，各大厂商都为攫取消费者临界规模使出浑身解数。

（3）技术差距

网络经济中出现了一些次优技术占领市场的情形，说明了技术领先和市场领先并不必然是一致的。关键在于技术差距是否足够大，如果两种产品技术的差距越大（极端情形就是新技术革命替代旧技术），那么新技术产品的市场临界容量就越小，实现网络扩张的难度越小；然而，如果两种产品技术差距不明显（如同一时期的技术，只有技术参数和细节差异），那么谁先启动市场达到一定临界规模（临界值较大），谁就能赢得市场。

（4）企业锁定策略

新产品的网络扩张与在位厂商的旧有网络将产生冲突，如果在位厂商采用了有效的消费者锁定策略，如增加产品黏性、绑定增值服务等。这些措施将使得新进入厂商的新产品扩张受限，同时新产品的临界规模也变得更大。

（5）消费者学习成本和时间价值

消费者具有异质性，即每个消费者都是有差异的，除了偏好的不同，这种差异还体现为学习能力和认知速度的不同。相当一部分消费者具有较大的消费惯性。当一个新产品操作复杂时，他们不会轻易改变旧有消费习惯去适应新事物，因为学习的时间本身也有机会成本。如果新产品能极大压缩消费者学习成本和时间，那么这种产品的临界容量就会变小，苹果出品的iPhone就是内核复杂而外形和操作极简的例子，所以其风靡全球也不奇怪。

（6）互联互通

在位垄断厂商通常不愿意互联互通，这样会增加旧产品的网络壁垒，不利于新进厂商凭借在位厂商的网络迅速扩张，提高新产品的临界容量。所以，我们看到中国互联网市场的互联互通一直都进展缓慢，腾讯不愿意与其他即时通信工具互联互通，BAT三大平台厂商在开放战略上都谨小慎微。其实在比较传统的银行业和证券业中，这种互联互通也未能实现，都是基于这种网络壁垒的考虑。但从消费者福利和中小企业的角度看，互联互通会使拥有新技术的小企业获得一定的生存空间，互联互通可以大大削弱旧有网络的壁垒，降低新产品的临界容量取值。这样，市场将不再是一极独大，而会表现出更明显的多态均衡和长尾效应。

三、正反馈机制

网络经济中,正反馈起着决定性作用。所谓正反馈,是指物体之间的相互作用,存在着一种相互助长的力量,会强化和放大原有的发展趋势,形成无法逆转的必然性。正反馈机制的表现是:使强者更强、弱者更弱。一个公司在网络中的影响是以指数形式迅速扩张的,例如,消费者在购买计算机操作系统时,其实不仅仅是在选择一种产品,而是在选择一个用户网络,他要综合考虑软、硬件与其他用户兼容的问题。苹果公司的 Macintosh 操作系统也相当优秀,但最终却彻底输给了微软的 Windows 系统,仅仅是由于最初价格偏高,苹果没有预期到正反馈机制的巨大威力,当 Windows 系统在 PC 机市场上份额增长时,用户发现其越来越具有吸引力,而软件开发商也更愿意与 Windows 兼容,使得 Windows 用户的消费者效应进一步增长;而 Macintosh 系统市场份额的下跌造成用户担心其软件供应商的减少而被孤立,于是越发不愿购买。微软刚开始的微弱价格优势被网络中的正反馈机制放大了许多倍,最终成为市场的垄断者。

互联网经济中,正反馈机制在双边网络效应、供给方与需求方双向规模经济的作用更加明显,"成功引发更大的成功,失败产生失败"的例子不胜枚举。正反馈机制是互联网企业达到临界容量后走向快速成长的重要原因。一旦某种互联网产品和应用的用户规模达到临界容量的时候,用户预期其他用户也会使用该产品和服务,在羊群效应和网络效应的影响下,会有不断的跟随者使用该产品和服务,最终市场所有的消费者都会使用该产品或服务;反之则反是。

在正反馈机制和网络效应等因素的共同作用下,消费者的消费模式和企业的盈利模式发生了重大的变化,随之带来三种效应:一是泡沫多发效应,网络经济中,消费者的相互影响和从众化效应明显,市场对某个业态、某个企业容易形成膨胀追捧,当有风吹草动时,也容易产生信心动摇和踩踏效应,所以互联网经济泡沫化现象比较多发,美国的纳斯达克指数大起大落就是例证。二是赢者得多数效应，当网络或系统互不兼容时，优势厂商将得到绝大多数市场份额，如果别人全都使用微软的操作系统，你就更有理由用它了。三是财富效应，扎克伯格、马斯克、马化腾、李彦宏等年轻的巨富主要集中在计算机和互联网领域，互联网的财富积累与传统产业截然不同，在传统经济中需要几十年甚至几代人才能积累的财富，在互联网经济中只需要十几年，甚至几年。

互联网的正反馈机制带来如此巨大的差异化效应，那么，传统经济中是什么机制？相对应的，在传统经济中，负反馈起着决定性作用。负反馈，顾名思义，是指物体之间的相互作用存在着一种相互抵消的力量，直到终止或扭转原有的发展趋势。举例来说，一个成熟的工业经济中，规模已经很大的大企业想要进一步扩张规模占领更大的市场份额往往很难（如，彩电工业中的长虹曾试图控制上游彩管的生产来垄断市场，结果功败垂成），两个原因会阻止它：一是会引起其他企业的激烈反应，竞争白热化鹿死谁手还不好说；二是大企业病的出现使得大企业的管理异常复杂，当超过一定的规模，公司将背上高成本负担且成长变得越来越困难，也没有更小更灵敏的公司容易发现新的利基市场，从而市场达到一个均衡点。这种负反馈能防止小的不稳定因素发展到失控状态，可以保持传统经济系统的稳定性。

第十一章
盈利模式：可持续增长的基石

一、成本结构——信息产品和共用品特征

互联网产品具有信息产品的特征，存在特殊的成本结构：生产互联网产品通常较为昂贵，包括前期的资本投入和贯穿始终的昂贵的人力资本投入，而产品生产出来后的复制成本极低。互联网产品固定成本的主要部分是沉淀成本，而可变成本主要是知识密集型的人力成本，边际成本也不会随生产规模持续扩大而有所增加，而是趋近于零，边际收益也自然不会递减。那么意味着，互联网产品的产量可以趋向无穷大，突破了传统规模经济的限制。传统产业中规模经济会存在一个数量限制，即到达一定的规模时，边际成本递增而边际收益递减，最终导致企业不能够无限制地扩张；但是互联网企业的边际成本趋近于零，在网络效应和正反馈的作用下，互联网企业的市场格局达到垄断的可能性是很高的，后面章节中我们将对互联网市场结构的成因做专门分析。互联网产业特殊的成本结构颠覆了"有效的产品市场价格反映生产边际成本"这一传统经济学基本规范性结论之一。

不仅如此，在互联网产业中，交易对象表现出明显的共用品特征，即互联网产品体验在网络上即可实现，不需要物理载体，复制和运输成本趋向零，所以共享者不会因为互联网产品共享行为带来什么影响；同时边际拥挤成本也为零，每个人的使用不会对他人使用该产品造成任何负面影响，反而

还会因为网络外部性而获益。共用品的衡量标准是消费中非竞争性与非排他性的程度。非竞争性是共用品的内在特性,指某个体的消费活动不会影响其他个体的消费(效用),或说多一个个体分享共用品的边际成本为零;非排他性指不可能或很难限制其他人对共用品的使用,非排他性不是共用品的内在特性,其往往与技术条件约束和社会产权制度选择有关。互联网产品这种共用品特征对对新古典经济学"市场交易对象为竞争性私用品"的假设造成冲击[①]。

二、收入模型——按照支付意愿和双边市场定价

互联网产业的收入模型与传统产业有很大差异,其产品边际成本趋于零,因此不能按照传统产业的边际成本等于边际收益的理论来定价。而中国消费者普遍的观念则是网上的信息和产品是免费提供的,没有养成付费习惯,如果制定高于零的价格,消费者则有可能放弃使用该产品,从而带来消费者福利和平台用户数的损失。

(1) 依据支付意愿对用户实行差别定价

因为人的消费需求是异质性的,对于同一产品,不同消费者支付意愿差异很大,甚至同一消费者在不同环境下支付意愿也有所差异。而互联网产业潜在市场空间广阔,但厂商难以把握不同消费者的效用差异,导致互联网产品定价很难直接以成本或效用为基础,而是依据消费者支付意愿来对异质性用户实行差别定价。典型的例子是腾讯,根据对即时通信产品基本功能免费,对其衍生的其他服务,如 QQ 空间、QQ 会员等应用根据用户的不同支付意愿进行差别定价,腾讯获得了很好的回报。

(2) 双边市场的单边差别定价模式

互联网产业普遍具备双边市场的特征,而中国的互联网厂商基于交叉网络外部性,在价格弹性较低和交叉外部性较大的那一边收取费用,也就是对

---

① 信息产品的特殊性质在相关文献中有所提及,代表性的研究可见:干春晖,钮继新. 网络信息产品市场的定价模式 [J]. 中国工业经济, 2003 (5).

价格相对不敏感者和企业方收费。同时对于这一边的用户根据其支付意愿也实行差别定价。搜索巨擘百度对一般用户的搜索功能是免费提供的，但对另一边的商家则推出竞价排名的模式实现收费，支付意愿大的商家可以排名靠前，百度的竞价排名已经成为中国互联网最赚钱的收费模型。阿里巴巴的淘宝在C2C市场奠定了市场份额第一的垄断地位之后，开始向产品异质性方面拓展其收费模型，开辟了天猫商城等高端市场，对卖家收取较之以前高昂的租金。

三、盈利方式——直接收费和间接收费

所有的商业，盈利方式只有两种：直接收费和间接收费（也叫前向收费和后向收费），也有不少企业混合了两种收费模式。

直接收费就是消费者付费，在互联网行业，直接收费的代表是网络游戏、B2C电子商务等，代表企业是腾讯、盛大、亚马逊、当当、京东、凡客等。

间接收费一般是企业付费，或叫第三方付费，即俗称的"羊毛出在狗身上，猪买单"，典型代表是广告，代表企业是新浪、搜狐、百度、淘宝、优酷、土豆、奇虎360，等等。

第十二章
互联网企业生命周期：
"水晶体系"的运行机理

我们从互联网企业发展阶段来考察"水晶体系"六项要素是如何发挥作用的。我们把互联网企业发展阶段分为初创期、成长期、发展期和规模期。这里区别于产品生命周期理论的划分，把成熟期改为发展期和规模期，因为中国的互联网企业发展时间仅十余年，全球来看也不过20余载，断言互联网到了成熟期还为时过早，事实上，多数互联网企业经历十年左右发展，可以到达一个稳定发展期，之后是规模期，盈利模式开始清晰，净利润开始大幅增加（见图12-1）。

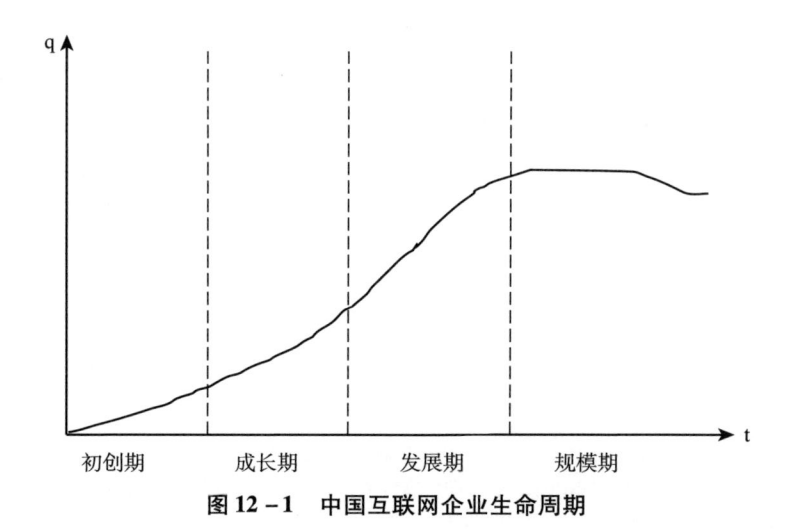

图 12-1 中国互联网企业生命周期

一、企业初创期——创业团队与资本的融合

互联网企业是互联网创业家自身人力资本的定价器。初创期的商业创意是互联网企业的起点，一个好的互联网企业离不开优秀的商业创意，而商业创意又是互联网企业家实现其自身才能的方法和手段。互联网经济是新经济，互联网应用需要"无中生有"地创造出来满足消费者的需求。中国的互联网公司比欧美要滞后一段时间，目前市场上最为成功的创意基本上来自于对美国成功模式的模仿，当然，最后在中国市场上胜出的企业都是具有创造性模仿的基因，如百度模仿谷歌，但在中文搜索质量的追寻方面通过卓有成效的改进达到了业内领先；腾讯模仿 ICQ，但经过再创造融入适应中国年轻消费者习惯的体验元素后占领了大部分市场；阿里巴巴模仿伊贝，但在"倒立"思维的影响下推出免费模式，逐鹿中国市场并获得全面成功。

有了好的商业创意后，创业者的人力资本投入和天使或风险投资构成初创期的启动资金。互联网创业者通常是技术型企业家，凭借自身卓越的技术型人力资本，开发产品和搭建框架，将专有性的技术型人力资本固化于互联网企业中，如王志东创办的新浪；但技术型企业家的人力资本与货币资本结合在一起时，互联网企业以合约的形式出现了。当然，这时候的制度安排对企业的长期持续健康发展至关重要，两种资本如何参与公司控制权的分配往往决定了互联网公司的走向。很多人为王志东被驱逐出新浪董事会感到痛惜，学者多关注资本与创业者的权力角逐，研究高科技公司的所有权与融资契约问题，但有一点不应忽视，即王志东出走新浪之后，也创立了一些企业，但都不像新浪那样成功，很多人认为这恰恰为资本强权逻辑作了注解，但我们认为这一结论未免牵强，因为王志东作为新浪创始人，其投入的主要是人力资本，而且这种专有性的人力资本其实在一定的条件下，是会转化为新浪的专用性资本[①]的，这反而说明了王志东等互联网创业团队对于企业成

[①] 专用性资本是指只有当某种资产和某项特殊的用途结合在一起的时候，这种资产才是有价值的，否则它的价值基本上体现不出来，或者即使有价值，与为了获得这项资产所进行的投入相比，资产的所有者也是受损失的。资产的专用性越强，其所有者在和别人进行谈判时"筹码"也就越少。

功的重要作用。后来很多学者的研究也表明，互联网企业的控制权掌握在创始人团队手上，更有利于企业绩效的提升。

高昂的货币资本是互联网企业在初创期生存的必要条件，这是由行业特性决定的，第一，中国网民没有付费习惯，在相当长的一段时间内，互联网企业都需要烧钱，"免费"成为世界上最贵的东西。第二，为了达到网络效应的临界值，以便形成自反馈，拥有先发优势，互联网企业都会不惜一切代价地"跑马圈地"。这些都需要重金砸入。腾讯自创立起受到过香港盈科、IDG、MIH 等机构的投资；而淘宝在发展中也曾得到多家机构的投资，其中单软银孙正义就为马云投资 8500 万美金，这些资本对企业的成功起到了至关重要的作用。

当然除了货币资本和人力资本外，社会资本的整合也是必不可少的，如微软的比尔·盖茨的母亲是前 IBM 的董事会成员。20 世纪 70 年代以来的信息技术革命，众多著名的信息技术公司都来自美国硅谷地区，如思科、英特尔、惠普、朗讯、苹果等。在高科技领域，硅谷模式无疑是成功的，也成为各国效仿的典范。硅谷的风险投资或天使投资基金为有思想有激情的年轻人提供了货币的支持；硅谷著名高校云集，为科研项目的前期孵化提供了技术和学术的支持；硅谷知名企业盘踞，业界的精英会聚，为各种创业型人才的交流提供了一个自由的平台。尤其近 20 年来互联网产业的创业活动，硅谷始终扮演着中流砥柱的角色。现在全球互联网倍受关注的脸书公司，如果不是在硅谷，有多少人才加入脸书，助其发展壮大？如果不是在硅谷，其创始人扎克伯格会有几次和乔布斯等业界领袖级人物交流的机会？

硅谷就像一个聚宝盆，现在这个盆变得越来越大，也更多地吸引了商业机构和创新人才的进入；同时这也会形成一个正向循环，聚宝盆越大，创业公司越容易找到企业所需要的各种人才，创业企业的成功率也会越高。中国的情况也是如此，北京、深圳、广州、杭州等地始终是互联网创业最为活跃的地区，因为这些城市已经聚集了相当多的优秀人才和商业机构、风投机构助推互联网公司的产生和发展。

二、企业成长期——启动网络效应

有幸进入成长期的企业往往还没有形成成熟的商业模式，一定的用户基数不仅是获得再融资的基础，更是启动网络效应，形成自反馈的钥匙。而产品黏性则可以有效锁定已获得的用户，同时为企业向盈利化过渡争取到更多的试错机会和改进机会。

用户基数—产品黏性—产品体验—盈利模式其实是一个双向影响的过程。产品黏性来源于产品体验，只要优质的产品体验才能吸引新用户，留住老用户，增加用户的忠诚度；同时强产品黏性也会有利于企业挖掘用户深层次和多元化的需求，为产品体验的创新、盈利模式的建立提供基础。

免费策略是中国互联网公司通用的获得用户基数、产生和维持产品黏性、开发盈利模式的重要手段之一。中国网民没有养成付费习惯，中国互联网创业者深谙此规律，无一不是高举免费的大旗"跑马圈地"，并将免费策略执行到底，继而在大量用户基数和强产品黏性的基础上，深度挖掘消费需求，对消费者个性化、多元化的服务进行收费。百度提供免费搜索、网易提供免费邮箱、QQ提供免费账号（经营期间曾出现过极为短暂的收费一幕，随着用户的流失，迅速地调整回免费策略），然后再通过广告或增值服务收费。2003年成立的淘宝网，更是通过免费策略就成功打败了国际巨头伊贝。当时的阿里在中国B2B市场还没有强有力的竞争对手，伊贝是中国C2C市场的领头羊，2003年5月，伊贝占有中国C2C市场90%的市场份额。早在2002年3月，易趣（全球最大的电子商务公司）就以3000万美元收购了易趣33.3%的股份，2003年6月，再次以1.5亿美元收购了余下的股份。虽然市场定位是有区分的，但C2C市场中的C如果做大了一样可以成为B2B，马云明白这一道理，2003年5月率先实施进攻性防御，进入C2C市场，推出淘宝网，并采取了不同于伊贝的商业模式，针对伊贝需要付费的软肋，宣布实行三年的免费服务政策。结果，淘宝网用了短短一年多的时间，就赶超了国际电子商务巨头伊贝，因为淘宝免费策略大大提高产品黏性，留住和扩大用户，最终达到既定的用户基数。三年免费下来，到2006年6月，淘宝的市场份额为56%，伊贝（eBay）则为29%；到2009年12月，淘宝占市场82%的份额，伊贝则仅为2%。

同时，相比较被e-Bay收购后的易趣，淘宝网的设计更加符合中国人的使用习惯，具有更好的用户体验效果；腾讯的QQ明显优于微软的MSN的功能和体验效果；百度的搜索在其实施闪电计划后也丝毫不亚于，甚至略好于谷歌的中文搜索效果；加上伊贝与美国伊贝平台服务器的对接，微软MSN海底光缆受到台湾大地震的影响，谷歌服务器搬离中国大陆等因素导致外资互联网巨鳄在响应时间等指标上明显落后于中国本土企业，所以，不断满足消费者需求的产品体验也是互联网企业在成长期尤为重要的因素。

互联网企业在成长期依靠产品黏性和产品体验等方面的表现，不断扩充用户，达到一定的用户基数，可以为其后续的资源投入奠定良好的基础。

三、企业发展期——开发盈利模式是关键

互联网企业进入发展期后，必须具备自我造血的能力，盈利模式成为生死存亡的关键。互联网公司得以生存和发展的资金大多是来源于风险投资，投资机构的天性是逐利，其目的是为了获得丰厚的回报后退出，投资机构的耐性是有限的，如果企业一直不具备收费的能力，这些投资将会毫不犹豫地用脚投票评选。创造性地开发盈利模式，在留住用户的基础上收费是企业在这个时期需要花大力气思考和尝试的事。那些不因收费而流失大量用户的企业在资本市场上评估也会水涨船高，更多的资本会注入成功过渡到收费模式的互联网企业，帮助其走上持续发展道路。

四、企业规模期——团队创新与激励的平衡

当企业成功渡过发展期后，就到了企业规模期，这一时期是企业进一步发展壮大并在特定市场上获取明显竞争优势的阶段。"在企业日趋专业化、

大型化的过程中，所面对的最大挑战，不是用户数量，也不是技术，而是缺乏能够支持他们永续生存的灵魂"①。这个灵魂就是企业愿景。企业愿景是企业自创始之时就奠定的一个理想，就是我们在商业创意中所提到的企业战略要达到的目标，即战略格局和产业链定位所决定的内容。企业的商业创意和战略格局是保证企业沿着正确的发展方向，建立良好的企业愿景的必要前提。

很多互联网公司初步盈利之后，到了规模发展期，就丧失了前进的动力，要么是商业创意之初未充分考虑企业愿景，没有宏大的战略格局；要么是忘记了最初宏伟的战略目标。最终都忽略了产品创新、商业模式创新以及产品黏性的进一步提升。结果，逆水行舟，不进则退，慢进也退，在激烈的市场竞争中，在日新月异的产品更新中，保守的互联网企业用户不断脱落，最终导致整个盈利模式的枯萎。典型的例子是中华网，它是当时中国第一概念股，是中国第一家在美国纳斯达克上市的互联网公司，占据了非常好的先发优势，有着很好的发展前景。然而，在规模发展期，中华网忽视创新，耽于保守，当网络游戏和即时通信这两个重大市场机会出现时，它居然接连失误而没有掌握机会，错失了造就产品高黏性的良机，慢慢走向没落。

进入规模期的企业是货币资本和人力资本出现博弈和矛盾的高发期，因为这个时期由于"天生"的关注点和价值取向的差异，导致投资机构和创始人在企业未来的战略规划上极易产生分歧，处理不好这类矛盾会直接导致企业败走麦城。例如，中国最早的电子商务公司8848，其创始人由于和投资机构IDG对于经营策略的意见相左，被资本挤出公司，王峻涛的离职也使得8848公司很快淡出了人们的视野，投资机构和王峻涛本人损失的都不只是一个机会，而是错失了整整一个电子商务时代。

这个时期还容易出现的是互联网公司的激励问题，一个公司经过长期经营，成功上市后，风险资本获取丰厚的回报退出，创始人和创业团队也可以兑现期股期权，成为人们瞩目的亿万富豪。但是之后面临着另外一个问题就

---

① [美] 加里·胡佛. 愿景：企业成功的真正原因 [M]. 中信出版社，2003.

是人力资本的耗散和匮乏，因为当公司市值已经较高的时候，新的期股期权已经丧失了激励效果，而新业务的功臣又没有分配到上一轮期股期权的高额回报。这时很多互联网公司会给员工一些限制性股票，甚至有企业再次分拆上市，如搜狐的分拆上市，坊间很多议论，从人力资本角度出发，较为合理的解释是对目前搜狐经营贡献巨大的网络游戏核心团队人力资本兑现提供一次股票市场的解决方案。中国的互联网产业之所以发展较快，之所以能够在颠覆"市场换技术"的中国经济发展模式，冲破外资巨鳄的包围，成功占据了中国市场的主导地位，很大程度上是因为产业发展之初即建立了规范透明的现代高科技企业制度。当互联网公司走上规模发展道路时，一定要继续保持这个制度的有效性，才能不断激励人力资本开发新的商业模式，新的产品和寻找新的盈利点。

互联网重构商业生态系统与
企业竞争策略

第三部分

互联网市场中平台战略得以广泛应用，中国市场本土特征催生"基本业务争市场，衍生业务出利润"的策略。因此，平台厂商必须构造一整套网络生态体系，而不能只开展基本业务。零距离使小众需求聚合成统一大市场，形成传统市场中难得一见的"长尾效应"，平台厂商与众多中小企业在商业生态体系中各司其职，各有所得。本部分阐释了 BAT 和 O2O 等多种商业生态系统及其竞争策略。

第十三章
互联网的商业生态系统

自1776年,亚当·斯密在《国富论》中提出"看不见的手"理论以来,人们曾一直将"完全竞争理论"奉为"圣经";直到第二次工业革命之后,19世纪后半期工业得到快速发展,一些较小的公司通过兼并、吞并、控股等手段建立起大型垄断企业,亚当·斯密的古典经济学理论已无法对其进行解释,经济学理论界提出了"马歇尔悖论","垄断竞争理论"随之诞生。

传统的产业组织理论把市场结构分为完全竞争、完全垄断、垄断竞争、寡头垄断四种类型,这四种市场结构在市场集中度、产品差异性、进入壁垒/退出壁垒、厂商数量、成本曲线、厂商定价等方面各自有着鲜明的特征(见表13-1)。在"结构—行为—绩效"(结构影响行为进而影响绩效)范式的影响下,人们习惯于通过市场结构来推断厂商行为和市场绩效,反垄断诉讼也往往把市场结构作为逻辑推理的起点。然而,这些分析体系都是以传统产业为背景的,没有考虑到以互联网、电子、软件产业为代表的"新经济"的独特性。

经济理论的演进总是与现实经济的发展相因相生。互联网作为第三次科技革命的产物,其产品特性、成本结构、发展规律的独特性必然会颠覆许多传统经济理论,包括传统的市场结构理论,经典的四种市场结构已不能完全清楚地描述互联网市场的竞争关系,单寡头竞争性垄断市场结构相应而生。下表简述了单寡头竞争性垄断的市场结构相对于经典四结构的共性与差异性。

表 13-1　　　　　　　　　　　五种市场结构特点比较

指标＼市场结构	完全竞争	完全垄断	垄断竞争	寡头垄断	单寡头竞争性垄断
市场集中度	很低	绝对集中度100%	较低	高	一个企业占绝大多数市场份额
产品差异性	产品同一性很高	产品没有任何替代品	产品有差别	产品基本同质或差别较大	几乎同质
进入/退出壁垒	不存在任何进入与退出壁垒	非常高	较低	较高	基本无
企业的数量	很多	唯一	较多	几个	较多
边际成本	不变	随产量的增加，边际成本递减；到达一定产量后，边际成本递增			趋于零
定价	价格的接受者	根据企业利润最大化原则的定价	高于边际成本的定价	价格合谋等	基于消费者偏好的歧视性定价
价格变动趋势	稳定	稳定	比较稳定	基本稳定	趋于零

其中，以下四大特征为核心的特征，使其区别于四大传统的市场结构。

①市场集中度很高，一家企业占据一半以上的市场份额，且远高于排名第二的企业。

②不存在进入壁垒。

③产品几乎同质。

④高竞争与高垄断相伴而生，互相强化，相互转化。竞争是绝对的，垄断是相对的；垄断是高度竞争过程中的一个状态，垄断在竞争中产生，又在竞争中被打破，周而复始推动产业的高速发展。

"新经济"的产业具有"单寡头竞争性垄断"的市场结构，从市场集中度上看，一般是单个企业占有绝大部分的市场份额，与"完全垄断"接近；但从产品差异性和进入壁垒/退出壁垒来看，不同厂商的产品几乎是同质的，市场也并不存在真正地进入壁垒或退出壁垒，这又与"完全竞争"很相似；而从企业数量来看，市场上存在着较多的企业，这又与"垄断竞争"相似；从成本曲线来看，厂商的边际成本几乎为零，平均成本随着产量（或者用户数量）的增加而不断下降，这具有自然垄断的特征，却又比一般的自然垄断行业更加极端；厂商定价则是单寡头竞争性垄断市场最为独特之处，一方面，寡头厂商拥有垄断地位，根据消费者支付意愿进行价格歧视，这与"完全垄断"相同，但"价格歧视"的最终结果，却是基本服务免费，这是完全垄断行业不能想象的，在另外几种市场结构下也是不可能出现的。

传统的"市场规律"在单寡头竞争性垄断市场当中大都失灵，例如，传统观点认为"同质化产品"加上"不存在进入/退出壁垒"将产生"巨大的企业数量"和"很低的市场集中度"，但互联网产业的结果却是中等水平的企业数量和单个企业拥有大部分市场份额；传统观点认为"高额的固定成本"加上"非递增的边际成本"将产生"自然垄断"，但互联网产业却始终存在较多的厂商；传统观点认为"高市场集中度"将导致"垄断高价"，但互联网产业的结果却是厂商采用免费策略。因此，传统理论下不可兼容的特征，可以在互联网产业同时出现；传统分析框架中的"普遍规律"，往往在互联网产业失灵。互联网同时具备很多看起来互相矛盾的特点，这并不是偶然的，而是有着内在的逻辑。强烈的网络效应，使得消费者在产品同质、厂商较多的情况仍自觉地聚焦于特定的一家厂商，导致市场集中度很高；强烈的网络效应，也使得免费策略最符合具有垄断势力的厂商的利益，接近零的边际成本则为免费策略提供了前提条件；接近零的边际成本，还把全社会的消费者联结成统一的大市场，这既为主导厂商最大限度地扩大市场、实现规模经济创造条件，又有利于专门满足细分需求的厂商实现规模经济，让市场足以容纳多个厂商。

一、平台效应

平台效应取决于平台的网络效应与用户规模，互联网平台效应明显的市场有即时通信、电子商务和搜索引擎市场。

①对即时通信产品（QQ、MSN、微信等）的用户来说，最重要的是与其他用户选择同一个即时通信平台，由于网络效应和协调成本，一旦他们聚焦于同一个平台，便不会轻易更改。因此，互联网即时通信市场中用户规模庞大且黏性强的企业会赢得大部分市场份额。

②搜索引擎是信息提供者与互联网用户之间的平台，为海量信息源和缺乏专业知识的普通用户实现信息供求的匹配。其中，作为信息源的广告厂商与网络用户之间的依赖性是不对称的，广告厂商愿意为了接触较多的用户而向搜索引擎厂商支付较高的价格，反之则不然。因此，搜索引擎厂商对用户免费，吸引尽量多的用户，从而绑定了尽量多的广告厂商，形成单寡头垄断格局。

③电子商务市场中买家与卖家之间互相有着较高的依赖性，平台对买家的价值是由卖家的数量直接决定的，平台对于卖家的价值则是由买家的数量直接决定的。相对而言，由于买家除了可以在网店购物之外也可以在实体店购物，而大部分的网店则没有替代性的销售渠道，卖家对买家的依赖性更高。因此，对于平台厂商来说，一方面，扩大买卖双方的数量都是非常重要的，平台厂商不仅对买家免费，以增加买家的数量，还允许卖家免费使用基本服务以增加卖家数量，极强的双边网络效应使得先发企业较易做大市场和用户规模，形成单寡头垄断局面；另一方面，平台厂商针对支付意愿较高的卖家（例如品牌卖家、产品附加值较高的卖家、出售非标准化产品的卖家），推出收费的增值服务，以实现平台的盈利（见表13-2）。

表13-2　　平台效应明显、社会各界争议比较大的互联网产品平台

产品平台	双边用户	用户之间依赖性	盈利模式
即时通信	网络用户、广告厂商	广告商＞网络用户	对网络用户免费，对广告厂商收费
搜索引擎	网络用户、广告厂商	广告商＞网络用户	对网络用户免费，对广告厂商收费
电子商务	买家、卖家	买家≤卖家	对买家免费，对部分卖家收费

二、多厂商共生生态系统

互联网行业的市场需求是多元化、个性化的，在传统行业，特殊化、个性化的需求，由于需求量较小，不能形成规模经济，需求往往得不到满足，但在互联网行业，不同地域的具有共同的特殊化需求的消费者通过互联网连结到共同的虚拟市场中，形成较大规模，规模经济的实现成为可能，厂商可以依靠满足"小众"需求而在市场上立足。互联网用户的基数极大，个性化需求的种类也非常多，但单个厂商的注意力是有限的，不可能同时满足多种多样的需求，因此，主导厂商致力于满足主流需求，而主流以外的个性化需求则由其他众多厂商满足，形成了多元化需求下的多厂商共生局面。

在即时通信市场，腾讯QQ占据了近乎垄断的地位，但QQ的语音通信功能只能满足一般的语音通讯，难以满足一些特殊用户的要求，例如网络游戏用户。这些用户需要在游戏过程中进行多人实时沟通，要求通信软件与游戏程序深度整合、不会出现通话延时或断线、支持多人通话、不与游戏程序抢带宽及内存。QQ是为一般的通话而设计的，难以满足游戏用户的特殊需求，因此，广州的多玩公司专门针对游戏用户的需要推出了"YY语音"，很好地满足了游戏用户的特殊需求，用户数量迅速增长，4年即成功上市。在C2C电子商务市场，淘宝公司占有了大部分的市场份额，买家和卖家的数量均远远超过同类厂商，然而淘宝公司并没有扼杀同类厂商的生存。淘宝面对的是主流的、大众化的市场，网站架构的设定、功能的设置、交易规则的设计等等都是围绕着主流需求来进行的。淘宝用户普遍对价格敏感，相对而言对品牌不太敏感。但是，网上也有另外一些消费者，并不是一味地追求廉价，而是希望购买名牌产品，特别关心产品是否正品，他们需要的服务和保障与淘宝用户显著不同，淘宝各方面的设计都难以满足这些用户。唯品会以品牌特卖为特色，专门满足这部分需求，受到市场的认可并用短短3年就成功上市。

三、创新驱动竞争与垄断相伴相生

互联网产业的商业模式不断革新，商业模式创新甚至超越了技术创新，成为主导互联网产业发展方向的力量。在每一种商业模式下，都会有单个厂商占有大部分的市场份额，处于近乎垄断的地位，然而，新的商业模式不断兴起，彻底取代旧的商业模式，新的垄断者不断取代旧的垄断者：

①在中国电子商务发展的早期，伊贝公司占有大部分份额，伊贝照搬了在美国的商业模式，对买卖双方都收费，但是中国消费者的特点在于需求价格弹性极大，不久淘宝公司创造出"对买家免费"的商业模式，迅速击败了"双边收费"模式，成为电子商务市场上新的"垄断者"。

②在中国的网络搜索市场，早期的市场份额多被网易、新浪、搜狐等门户网站瓜分，他们复制雅虎的经验，采用"搜索服务+网站广告"的模式，在主页上设置搜索引擎，同时在搜索引擎周边安插广告赚取广告费。这一模式传递广告信息的效率很低，既不能充分吸引消费者的注意力，也不能根据消费者的个体需求来提供具有针对性的广告信息。百度公司创新了商业模式，采用了"竞价排名"的方式，根据搜索内容推断用户需求，在搜索结果中发送广告信息，这一方面令广告信息的发送极有针对性，另一方面广告信息出现在搜索结果页的显著位置，能最大限度地吸引用户注意。凭借新的商业模式，百度取代三大门户网站成为搜索引擎领域的"垄断者"。

③中国的即时通信市场更为典型，长期以来人们最常用的即时通信工具是QQ和手机短信，QQ是以互联网为基础的，短信是以无线通信为基础的。后来腾讯公司推出了以移动互联网为基础的微信，微信一方面连接着互联网，能够提供海量信息、构建虚拟社交平台，另一方面以手机为终端，具有方便快捷的优点，这兼具了QQ和短信的优势，不但抢占了QQ和短信的很大份额，还有取代微博、SNS等工具的趋势。值得注意的是，微信抢夺了QQ的市场，而QQ本来就是腾讯公司的产品，腾讯公司是"自己和自己竞争""自己对自己进行创造性破坏"，很显然，腾讯公司意识到互联网是一

个不断创新的行业，尽管 QQ 一时享有垄断地位，但早晚面临着被淘汰的风险，与其被后来的竞争者淘汰，不如自己进行"创造性破坏"，自己淘汰自己。因此，尽管从市场结构上看，腾讯长期占有垄断地位，但从企业行为来看，腾讯一直在与潜在的竞争者进行激烈竞争。

第十四章
平台厂商构造网络生态系统

互联网厂商赢得竞争的最关键因素是用户网络规模，为了尽可能地扩大用户基础，平台厂商通常在基本业务上免费，基本业务部门成为亏损部门。为了实现盈利，平台厂商必须利用基本业务的用户基础发展衍生业务，通过收费的衍生业务盈利，形成"基本业务争市场，衍生业务出利润"的策略。因此，平台厂商必须构造一整套网络生态体系，而不能只开展基本业务，事实上，衍生业务也能增加基本业务的吸引力，帮助平台厂商保住基本业务的市场份额，形成范围经济。另外，开展多项业务，就需要提供多种模块，而平台厂商往往并不擅长提供这些业务的模块。例如，电子商务平台在评定用户诚信水平时没有信息优势，SNS平台厂商不见得擅长开发游戏，搜索引擎平台不可能生产出用户所需的所有信息。因此，平台厂商的最优选择往往是采取开放策略，把这些模块交由第三方来生产和运营，又或者让用户自行完成，而平台厂商则专注于系统集成和规则设定。

一、商业网络系统——阿里电商的全产业链

网络平台往往具有双边市场效应，但是很多平台企业并不满足于仅仅成为一个中介，而是致力于利用自己的平台构造相对完整的商业网络体系，建立一套以双边市场平台为基础的"生态系统"，最典型的代表是电子商务。中国电子商务市场的主导厂商阿里巴巴集团并不满足于只提供信息平台和交易

平台，而是致力于建立"健全"的网络商业生态体系。在"健"的一面，由于中国市场诚信缺失，交易成本很高，"生态系统"并不健康。为此，阿里巴巴集团建立了信誉评级体系，信誉评级主要由实际交易者完成，这既避免了平台面对的信息不对称问题，提高了评级结果的可信性，也帮助平台节省了信息成本。另外，平台较少直接参与解决买卖双方的交易纠纷，而是让信誉机制充分地发挥作用，平台专注于做好"规则制定者"的角色，让市场交易者互相制衡，构建起健康的网络商业生态体系，这避免了"计划经济"的弊端，发挥了"市场经济"的优势。在"全"的一面，阿里巴巴集团首先推出了"支付宝"等网络支付手段，提供了适合网络交易需要的支付方式；以"支付宝"为基础，交易平台设计出能充分保护消费者权益的支付方式和"全额赔付"业务，为交易提供保险机制；阿里巴巴集团又以交易平台的信息流和支付平台的资金流为基础，发展金融业务，利用信息流掌握商户经营状况，推出贷款业务，利用现金流发展"类存款"业务（余额宝），形成了较完整的金融产业链；阿里巴巴集团还在建立"物流宝"平台，构建全国性的仓储网络平台。通过这一系列的措施，阿里巴巴集团建立起以信息平台为基础、以交易平台为核心、以支付平台为纽带、以金融平台为支持、以物流平台为实现手段的完整商业网络系统，囊括了除生产以外几乎所有的环节（见图14-1）。

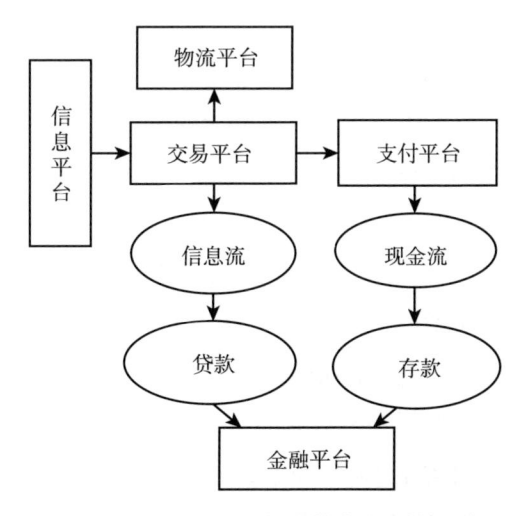

图14-1 阿里巴巴集团的商业网络系统

二、社交网络系统——为什么只有腾讯一枝独秀？

互联网平台厂商的一个重要作用是为用户提供虚拟的社交场所，例如脸书和腾讯。2008年开始，国内模仿脸书出现了人人网、开心网等一系列SNS网站，并迅速走红，掀起一股互联网领域创业的热潮。这些厂商不仅仅是为用户提供社交的平台，还把SNS与网络游戏结合在一起，使得用户可以与好友共同参与网络游戏，"偷菜""抢车位""钓鱼""买卖奴隶"等社交小游戏着实火了一把。然而好景不长，到了2010年年底，SNS社交网络公司业绩不佳，用户增长速度、访问次数和访问时间出现大幅滑落，很多业内网站开始相继倒闭。为什么在美国大热的社交网站在中国遭遇昙花一现呢？还是基于申一傅"水晶体系"，大部分公司没有做好水晶六要素的内容。

第一，平台产品的黏性越来越差，据CNNIC《2009年中国网民社交网络应用研究报告》的数据显示，在放弃继续使用某一社交网站的原因中，觉得"游戏玩腻了"的用户比例占到14.8%。

第二，未能找到适合的盈利模式，据CNNIC2009年公布的数据显示，网络广告占SNS网站营收的80%，而SNS网站相对于各大门户网站来说根本没有广告优势，所以当微博爆发对其产生了严重的冲击。

第三，没有像腾讯QQ一样绑定了庞大的忠实的用户基数，事实上，也只有腾讯将中国社交网络体系构建地比较健全。2005年，腾讯公司推出QQ空间，从此一直占据SNS网站的用户覆盖数头把交椅，而且远高于第二名人人网的各项指标。2011年推出的微信更是顺应了移动互联网时代的超级App社交产品，甚至对微博造成了巨大的冲击，大有取代自家产品QQ的即时通信地位的垄断之势；连脸书都因为怕错失移动互联网机遇，在2014年以190亿美元的代价收购了一家只有50名员工的公司WhatsApp（这个190亿美元的价值相当于收购了19个Instagram、5.9个Nest、32.8个MySpace、11.5个YouTube、2.64个诺基亚），为什么要花如此高的代价？因为WhatsApp 当时拥有移动互联网 4.5 亿的全球用户，而脸书当时 13 亿的用户都是来自 PC 互联网端。

腾讯的成功主要是因为其有巨大的 QQ 用户基础，并早就以 SNS 为基础推出了游戏平台和增值服务，开发了数以百计的游戏，并把游戏平台向第三方开放。网络游戏一直是中国互联网产业利润最为丰厚的业务，厂商可以利用用户的"游戏瘾"出售游戏点卡、虚拟装备等，从而解决了中国互联网行业最大的问题——盈利模式问题。平台厂商开发基于 SNS 的网络游戏，可以实现 SNS 业务与网络游戏业务的良性互动，SNS 业务庞大的用户基础和成熟的用户网络，为网络游戏业务提供现成的大容量市场；网络游戏良好的营利性为 SNS 业务提供"变现"的渠道，网络游戏也丰富了 SNS 的内容，增强了 SNS 对用户的吸引力。

三、信息网络系统——信息流量的渠道和体系

互联网拥有数以亿万计的信息来源和数以十亿计的用户，信息供给与信息需求的匹配是最大的问题。以谷歌、百度为代表的搜索引擎正是信息匹配的平台，平台根据用户需求，按匹配程度对信息源进行排序，令互联网信息体系由无序变为有序，重构了信息网络系统。但是，搜索引擎平台的运营成本是巨大的，需要搜索引擎的受益者为此支付费用。在最能匹配用户信息需求的信息源中，会有一部分信息源的发布者特别希望自己"被匹配"，谷歌、百度等搜索引擎创造出"推广链接"和"竞价排名"的模式，让这些特别希望"被匹配"的厂商可以通过付费排在同类信息前面。搜索引擎平台既没有改变信息的分布，也没有干预信息的发布，只是一个"信息中介"，但这一"中介"实际上主宰了互联网信息体系。在互联网当中，信息源成千上万，信息的生产并不是网络生态系统的关键，关键是信息的流向，或者说信息的"销售"，即信息能否被用户接收。在信息源极多的情况下，用户在很大程度上依赖各个平台对信息进行筛选，因此平台厂商控制了信息的流向，也就相当于控制了信息的"销售渠道"，成为信息网络的最终控制

者，搜索引擎是典型的例子，网络论坛（他们拥有置顶帖子和控制帖子热门程度的权力）以及微博（他们拥有制造热门话题的权力）也是如此。

四、O2O生态圈系统——服务性消费革命

2015年互联网最受关注的莫过于O2O领域的厮杀，从滴滴快的、58赶集，到美团点评、去哪儿携程，再到阿里入主饿了么成为其第一大股东，O2O领域接连发生四次改变行业格局的大并购，小的融资整合事件更是频频发生。

O2O，即Online To Offline，将线下商务的机会与互联网结合在一起，让互联网成为线下交易的前台。这样线下服务就可以用线上来吸引客户，消费者可以用线上来筛选服务，交易可以在线上结算，这样很快就可以达到规模经济。O2O这种模式对传统服务业是一种突破，突破了服务业支付和消费的场景同一性，突破了服务业营销的地域空间限制，突破了服务业收费的固定模式，正是因为O2O给传统服务业带来一场轰轰烈烈的服务性消费革命，所以业界认为O2O是继电子商务后想象力非常大的一种新业态、新模式，也成为BAT等巨头争夺的重要市场。

O2O是本书提出的申—傅商业模式模型非常典型的例证：平台将业务系统与产业生态圈系统两者连接并促成交易，这一过程中平台的运营和组织功能非常重要。其中，流量、支付、服务是O2O平台最关键的三个环节。

1. 流量

流量直接取决于用户基础，平台的用户基础大，其流量自然就大，百度和微信在这方面有天然的优势，但阿里没有。同时，流量还受到高频还是低频消费的影响，高频服务通常也是刚需，能与用户高频率连接，有较强的连接属性，是获取流量的主要渠道，典型的代表是团购、打车、外卖等本地生活服务，但这些高频服务价格普遍偏低，用户黏性低、忠诚度低；相对应的就是低频服务，消费频次没有那么高，典型代表如在线旅游、房地产服务

等，但低频服务的单价相对较高，且用户黏性更大。所以，互联网平台通常使用高、低频服务互补的策略来竞争。一方面用高频服务跑马圈地、推广品牌，通过高频带低频方式拓展服务领域。比如滴滴把打车迅速扩张到代驾领域、团购起家的美团迅速开拓酒店业务等。另一方面，通过低频服务收费反哺高频服务，根据低频服务黏性高的特性，通过优质低频服务抓住客单价高、质量优的用户群，通过低频服务高增值实现盈利回报，反过来也会提升高频服务的价值。因为吃喝玩乐为代表的本地生活服务是高频服务的核心战场，竞争异常惨烈，高频服务更像互联网基本服务用来抢市场，而很少能用来作为主要盈利手段。随着人们消费结构的升级，一些低频服务的消费频次不断提升。易观智库报告显示，2016年中国在线旅游市场交易规模达到7394.24亿元，名义增幅达56.1%。所以，百度控股携程也是为将来的市场规模做更长远的布局。可以预见，将来房多多这种低频高值的O2O服务平台必将成为BAT等巨头争相收购的焦点。

2. 支付

支付尤其在线预付是O2O营销模式的核心，在线支付不仅是支付本身的完成，是某次消费得以最终形成的唯一标志，更是消费数据唯一可靠的考核标准。只有用户在线上完成支付，提供online的互联网公司才可能从中获得效益。对于整个O2O生态圈而言，支付这个环节可以在线下直接对线上流量实现截流，阿里的支付宝和微信都有这种能力，当然支付宝的优势更明显。阿里通过支付宝切入O2O的下游商家环节，自下而上地实现O2O的闭环，虽然其流量不占优势，但其在支付环节的地位可以部分地弥补这一问题。而百度的支付环节最为薄弱，其自上而下建立O2O闭环，从流量到服务布局非常清晰，但其控制的各领域龙头企业不多将成为其"瓶颈"。目前百度正着力反攻支付领域，推出百度钱包等产品。腾讯则较为均衡，在保持流量传统优势的基础上，通过微信支付与阿里支付宝激烈争夺支付环节的市场份额。

3. 服务

O2O平台的服务环节异常重要且具有互联网时代典型特征，即产品体验和产品黏性功能决定了服务环节的质量和成败。O2O平台必然掌握自有前端流量，体验和黏性好的O2O平台意味着流量和服务可以自成一体，而不依赖BAT的平台和用户优势，因为移动互联网时代入口出现了去中心化趋势，那么连接就成为制胜的关键，而体验好又黏性高必然是连接属性好的产品，而推广效果可查、每笔交易可跟踪等O2O平台的特性使其自然成为流量和数据中心。这一变化打破了BAT对流量和用户的垄断，也导致了BAT在移动互联网时代变得不像PC互联网时代那么有掌控力。例如，腾讯投资的58启动的新项目接受了阿里的投资，而原本阿里投资的美团也与阿里反目进入腾讯阵营，等等。

O2O生态圈还可以实现不同商家的联盟，运用互联网、智慧供应链等方式将不同地区的相同行业或相同地区的不同行业有机连接起来，实现平台、商户、用户、服务的多方打通。

第十五章
长尾效应下多厂商进入的高度竞争现象

在互联网行业，由于产品的运输成本为零，互联网产品的推销、传送、服务都不再存在地域障碍，全社会的消费者都被连结到统一的市场当中，互联网厂商不能再像产业组织模型中的厂商那样把"距离"作为保卫自己市场的屏障，厂商之间的竞争空前激烈。在高度统一的市场中，由于互联网产品的边际成本趋于零，主导厂商可以最大限度地发挥规模经济，这符合"自然垄断"的特征，按传统的产业组织理论，市场似乎应该只留下一家企业。然而，现实并非如此简单。

一、多元化需求导致产品空间高度分散

互联网产业的消费者有着高度个性化的需求，因此，尽管从"地理空间"上看，可以认为虚拟市场统一后的需求是高度集中的，但从"产品空间"来看，市场需求却是高度分散的。见图 15-1，需求曲线开始于头部的传统货币经济，终结于尾部的非货币经济，头尾之间则是两者的混合体。传统货币经济下，厂商只按照最大的需求，进行标准化大规模生产，商店的货架也有限，消费者虽然需求是多元化的，但企业只能按照最大众化的需求来生产商品，否则形不成规模经济。在过往的时代，尾部的需求是没有货币价值的，因为没有办法实现标准化生产和大规模销售。所以，传统经济时代对应于需求曲线的产品供给曲线实际上是不连续的离散的点，而互联网时代的

产品供给曲线变成了连续的，虚拟商城的货架是无限的，完全不受场地的局限，各种稀奇古怪的产品都可以在市场得以展示，人们的需求前所未有的被个性化地满足了。

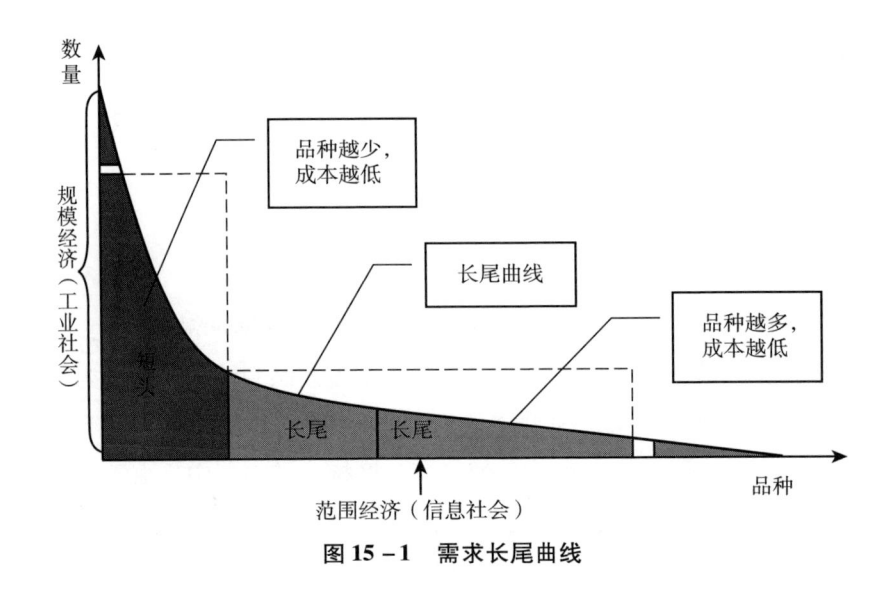

图 15-1 需求长尾曲线

在曲线头部，产品可以获益于强大但却成本高昂的大规模市场流通渠道，商业上的考虑因素占据统治地位。因为大规模批量化生产和流通成本太高，不允许经济利益让位于创造力，所以通常都是标准化可复制的大众化商品。在曲线尾部，生产和流通成本寥寥无几（得益于数字技术和互联网的普及），商业因素往往是第二位的，所以各种个性化定制的商品为满足现实的长尾需求提供了可能。人们也可以为其他各种各样的原因参与进来自我生产，比如自我表现、娱乐、试验等需求，每个人既是生产者也是消费者，互联网、3D打印、大数据等技术革命把人类带入了IT世界向DT世界的过渡阶段，生产活动从大规模标准化生产向大规模定制或个性化定制生产过渡。

二、零距离使小众需求聚合成统一大市场

现代社会生产一共出现过三次生产力革命。

第一次是生产模式革命,以泰勒科学管理理论为指导,随之而来的标准化生产和大规模制造,极大地扩张了生产规模和降低了生产成本,成功运用这一生产模式的美国在"二战"期间,其生产率远超其他国家,以至于美国一国产出的战争物资比所有参战国的总和还要多,这其实是"二战"胜利的物质基础。这次生产模式革命带来制造业的繁荣大发展,以标准零部件、组装流水线和程序化工作流程为代表的大规模化生产模式,创造了巨大的经济奇迹,为大众消费者带来了充足的高品质标准化商品,但他们不能变通,只是提供按照模具生产的产品,不管消费者的个性化偏好。即使如此,这一模式已经将很多小型制造商逼入绝境,因为小批量加工和大批量生产的价格差巨大,绝大多数买家受到价格的预算约束,会选择价格合适的产品,这样小型制造商生产成本没有竞争力,而且他们的分销渠道也很有限,所以每次都是廉价的大规模生产的产品击败品种多样化的小规模产品,在大型零售商迅速扩张遍布全球的年代,消费者想找到自己特殊偏好的小众商品也非常困难。

第二次生产力革命是组织模式革命,以德鲁克创立的知识社会的管理理论为指导,各种组织变革方法加速了管理效率的提升,极大地促进了知识对组织成长的作用。"二战"后的20世纪下半叶,人类从工业社会转型为知识社会,虽然转型期伴随着各种阵痛和社会波动,但由于有了知识型组织的管理,组织效率的提升超越了转型带来的成本,使全球经历了长达50多年的平稳增长,生产力获得了巨大进步,同时对所有制结构也带来举足轻重的影响,过去工业社会的资本强权时代逐步被知识精英和各类专家所打破,社会的关键资源不再是资本,而让位于知识。发达国家社会转型为"后资本主义社会",各种知识联合体形成的非企业组织开始上升为影响很多行业和社会的关键力量。

第三次生产力革命即商业模式革命在互联网的普及和广泛应用下爆发了。随之出现了零距离时代，小批量定制化产品在互联网上也可以取得可观的规模，小型制造商凭借网络把自己的产品行销全球，甚至个人也可进行实体商品生产，传统的距离障碍一扫而光，三只松鼠这样的创办仅2年的纯互联网食品销售企业才能年销售10多亿元，Fab这样的以设计新颖、造型独特为主要特色的D2C个性化产品网站才能在半年之内拥有了120万用户。零距离时代各种传统行业被颠覆，新兴业态快速崛起，很多传统行业中不可能形成大市场的产品和服务也层出不穷。

在零距离时代，管理专家们通过数据分析研究提出了"长尾理论"。这一理论的核心是：只要存储和流通的渠道足够大，需求不旺或销量不佳的产品所共同占据的市场份额可以和那些少数热销产品所占据的市场份额相匹敌甚至更大。即众多小市场汇聚成可与主流大市场相匹敌的市场能量。而那些小市场即为"长尾市场"，也被称为"利基市场"。以前小众市场受到现实物理货架的空间局限，不能够一一陈列出来，有限的货架空间让位于少数热销的产品是商家的普遍选择。但互联网技术实现了网络市场中商品与消费者的零距离，且网络的货架不受到物理空间局限，可以无限大，使得小众的多样化产品可以全部呈现在消费者面前。网络市场的统一性可以聚合广大的区域的小众需求，使得这个长尾市场迅速出现客观的规模，而且这一市场满足了多样化的个性需求，其价格弹性可以很小，意味着长尾产品的利润率可以远高于大规模标准化产品，所以这一市场越来越受到广泛关注和企业的争相追逐。

三、长尾效应下大众创业新趋势

"基本的便宜货满足了人们日常需求后，人们愿意去搜索更独特、更与众不同、精心设计的商品"。零距离时代小众需求通过互联网技术得以爆发，互联网使得99%的商品都有机会销售，市场曲线中那条长长的尾部也可以成为新的利润增长点。

但要注意，这个小众需求，不是满足"小部分人的需求"，而是满足"人的小部分需求"。小众产品追求的绝不是受众的"小"，而应该是需求的"小"。因为随着互联网经济的发展，人们的多元化需求越来越容易满足，用户也越来越细分，每个人内心都有多种"小众"的需求，等待着个性化的企业来发掘和满足。有的人喜欢吃素食、有的人喜欢收集纪念品、有的人喜欢有文艺气息的作品、有的人喜欢特别功能的产品。但放眼全国或全世界，具有同样小众需求的人其实很多，互联网的变革就是将这个世界抹平了，让全世界的小众需求可以聚合在一张网上，让小众产品供应厂商同样可以实现规模经济。

当消费者的小众需求被越来越细分地发掘时，市场就会被众多小众品牌占据，市场呈碎片化发展，传统工业时代标准化大众商品的大一统市场格局将被打破，商业巨头被迫进入一个包含着不同物种的新环境，每一个物种都想要不同的东西。基于共同的兴趣爱好的各个物种在零距离时代的土壤中茁壮成长，个性化彰显的小众需求让消费者出现社群化，现在的圈子营销、粉丝经济都是这种小众市场的写照。

"大众创业、万众创新"的时代，各种小众需求市场将成为新创企业竞相追逐的热点。过去20年的互联网高速发展，随着BAT等巨头的崛起，"大而全"的平台型公司创业窗口期已经过去，这种平台型创业成功的机会越来越少了。相反，创业者若能在小众市场深耕细作，找到合适的需求，利用互联网的集聚效应，把有相同兴趣或者需求的用户聚合起来，加上中国的人口红利，即使小众的市场也会有巨大的市场潜力。事实上，在中国，小众市场的挖掘也有不少成功案例。比如：成立于2008年，并于2012年在美国成功上市的唯品会，只做时尚电商特卖，业务相当于淘宝聚划算下的一个品类，2015年4月10日唯品会股价一度突破30美元大关，成为市值百亿美元的大公司。再如，移动医疗应用"青苹果健康"只针对医患沟通这个"痛点"下手，成功覆盖上海所有三甲医院千余位主任医师，上线一年即获千万元级风投。

小众需求里也有两种基本分类：重度需求和轻度需求。比如，有的人只吃素食，他是重度需求者，有的人则偶尔吃一次，是轻度需求者。如果趋势是重度需求不断在放大，那么小众市场的"大众化"就会出现。吃素食本来是小众需求，但现在却越来越多的人开始喜欢吃素食，其实也就具备了大众的基础。杨大伟（David Yeung）创办的绿色星期一（Green Monday）在中国香港市场一路高歌猛进，让有规律的素食者从5%提升至23%，改变了160多万人的饮食习惯，极大地影响了香港餐饮业格局，素食餐厅从门可罗雀变成满场火爆。"周一吃素"已经成为全香港追捧的潮流生活方式。

所以，人的需求具有"移动性"，今天的大众需求可能会演变成小众，今天的小众，可能会成为明天的大众。关键在于创业者能否抓住每个消费者心中永恒的"小众需求"，把握趋势和引领潮流，将轻度使用者转变为重度使用者。

第十六章
免费模式与差别化定价

本书的模型对互联网行业近年来倍受关注的免费策略、捆绑策略、快速模仿和差异化策略，都有一定的解释力，产品黏性是互联网厂商实施歧视性定价的基础条件，产品差异是互联网厂商安身立命和适者生存的根本，用户基数则是免费策略、补贴策略争夺的对象，也是实现未来市场增值和跨界竞争的重要基石。

差别化定价策略是指厂商给同样的产品和服务定不同的价格。通常情况下，互联网企业会根据客户使用产品和服务的时间来评判客户的忠诚度，并据此制定不同的价格来吸引不同类型的用户。如当当网等 B2C 网站对顾客按照其购买记录给予积分，积分达到一定标准则升级为钻石、白金等 VIP 会员，并给予不同的购买折扣。还有一种伊贝等国际互联网公司采取的拍卖的定价策略，但是中国更多的互联网平台厂商的差别定价形式表现出与西方不同的特征，这种拍卖定价策略只是在促销环节中偶尔使用。中国互联网产业作为后发市场，其平台厂商走出了一条与国外产业巨头截然不同的道路，采取了不同的商业模式，最终获得了后发优势，有别于传统"市场换技术"的外资占领市场现象，中国互联网公司超越了国际互联网企业，占有了中国市场的大部分份额，成为中国市场中的寡占企业或垄断企业。

综合来看，中国互联网厂商的"免费+增值服务""单边收费"和"捆绑"策略是较常用的差别化定价手段，原因有三：一是通过免费服务可以迅速做大市场规模，再通过满足多元化需求提供增值服务吸引付费意愿强的用户；二是互联网厂商利用双边市场特征，对最终消费者免费，而向市场另一边的需要接触最终消费者的厂商收取广告等费用实现盈利；三是通过捆绑部分相关产品实现打包销售，攫取更多的消费者剩余。

一、"免费+增值服务"策略

互联网产业中，厂商最常用的策略是免费价格策略，向消费者免费提供产品和服务。例如，大多数的电子邮件服务、即时通信服务、搜索服务、网络游戏、网上购物服务等都是免费的。但国外情况经常是相反的，如外国的网络游戏普遍采用"收费模式"、网络购物公司伊贝等也在诞生之日起即收费并实现盈利，而中国的网游企业（如盛大）却发明了"免费模式"：消费者玩游戏是免费的，但购买各种虚拟的游戏装备则需要付费。这其实也是一种价格歧视的手段，在"免费模式"下，"富人"（其时间价值通常较高）更愿意购买游戏装备，而"穷人"[①]（其时间价值通常也较低）则更愿意花费时间在游戏中赢得游戏装备，"免费模式"可以迅速吸引"穷人"加入游戏、扩大用户基础，提高游戏的"热门"程度，然后通过出售游戏装备的方式向"富人"收费。即时通信市场也是如此，腾讯QQ的基本的聊天、传输文件、邮箱等功能都是免费的，且以其先进和优良的产品体验迅速成为市场龙头老大，黏附了海量的用户群，而这个海量的用户有着多样化的需求，腾讯适时推出了满足多元化需求的QQ空间、QQ秀等增值服务，并为有需求的用户提供个性化的增值服务产品实现了收费。

二、单边收费模式

互联网厂商对最终用户免费，但如果长期不能盈利的话，其服务是无法

---

① 这里的"富人""穷人"并不是按照财富来划分，而是按照网络产品支付意愿和支付能力来划分，存在这样的情况，有些财富多的人并不愿意支付网络产品，而有些财富少的人却愿意支付高额费用在网络消费上。

维系的。而互联网平台厂商的双边市场特点，使得厂商可以通过一边免费而一边收费的方式来实现盈利。百度公司一方面为广大互联网用户提供免费的信息搜索服务，另一方面为商家提供广告宣传服务并采用竞价排名方式实现收费。这种单边收费模式迅速发展成最赚钱的盈利模式。在电子商务市场上，国外的 C2C 电子商务企业伊贝（eBay）对交易收取一定的佣金，伊贝从诞生之日起即是一家盈利的公司，受到了美国资本市场的热捧，但当此模式复制到中国时，却遇到中国的 C2C 电子商务企业（淘宝）免费策略的阻击[1]，当淘宝占领了大多数市场份额并把市场培育做大之后，才于 2011 年开始实施单边收费模式，并于 2012 年 1 月将淘宝商城更名为天猫商城。由于双边市场中交叉网络效应的存在，使得互联网厂商可以为消费者提供免费服务的同时，向另一边的商家获取广告收入或者管理服务收入[2]。但是交叉网络效应在两边市场具有不对称性，只有让消费者用户一边形成巨大的规模，才会吸引另一边的商户的高速集聚，而中国的淘宝在这一点上战略运用非常成功，当淘宝作为双边平台吸引和集聚了海量的用户时，单边收费也就顺理成章了，因为谁也不会因为一点点交易佣金而丧失海量的消费用户平台。所以，中国互联网平台厂商采取的单边免费价格策略是一个多方共赢的商业模式，最终用户免费获得服务，提升了消费者福利；商家借助互联网平台开展商品推广和销售，扩大了营销渠道，增加了营业额；提供服务的互联网企业向商家收取费用而获利，做成庞大的互联网平台。

---

[1] 阿里巴巴的淘宝网本来是出于竞争性防御的策略建立的，为了阻止伊贝进入阿里巴巴的 B2B 市场业务，马云筹划了淘宝这个 C2C 产品，且在伊贝占有多数市场份额的情况下，淘宝推出了免费策略，迅速做大的中国 C2C 网购市场，新增用户基本都来自淘宝，很快就占领了市场。

[2] 典型的例子是搜索引擎，如百度公司对最终搜索用户提供信息搜索服务时是免费的，但是凭借搜索平台搭建出了一个高效的信息媒介平台，很多商家希望能够在平台上提供关联的广告服务。

第十七章
捆绑策略：差别化定价的重要销售机制

当某一厂商把不同的产品打包成一个产品包并以统一价格出售时，就可称之为捆绑①。捆绑策略是一种可以有效实现差别定价的销售机制。捆绑是传统信息产品市场中常见的现象。运用捆绑策略可以让互联网厂商获得更多的收益，减少了消费者支付意愿的分散，赚取更多消费者剩余。经济学的角度来看，如果对不同产品，消费者有不同的支付意愿，而厂商又无法直接进行明晰的差别定价。这时，厂商需要做的决策可以有两种：要么依据消费者中较低的支付意愿为所有产品制定一个最低的价格；要么制定一个高价从而放弃部分低支付意愿的消费者。对于厂商而言，更加可行的方案是捆绑策略，运用捆绑策略的厂商可以按照产品和服务的平均价格提供给消费者，把更多的消费者福利转化为厂商利润。

现实的情况也是如此，互联网产品近似为零的生产、储存和传播成本，和消费者对互联网产品和服务需求的异质性及付费意愿的差异性，大大强化了互联网厂商实施捆绑策略进行统一定价的动机，实现歧视性定价以降低其销售成本和攫取消费者剩余②。但是，互联网市场中，运用捆绑的动机不仅体现于节约经济成本和歧视性定价的考虑，还有企业多元化扩张战略的目

---

① 需要强调的一点是：捆绑包裹中各产品也可以被单独提供，如果组件只能被作为一个整体提供，那我们称之为集成。

② 干春晖等（2003）曾对信息产品的版本划分做了详尽的研究，本书则从互联网的特殊性重新对互联网产品版本更新问题加以注解。

的。这种目的通过互联网企业捆绑互补品或者不相关产品的形式体现。

一、互补品+不相关产品的捆绑——产业空间扩张

互联网厂商经常通过捆绑与主产品互补的产品或不相关产品渗透到其他市场领域，如百度贴吧、百度百科就是捆绑在搜索引擎上的互补品，使百度成功渗透到维基百科等企业所从事的领域；腾讯在这方面做得更加彻底，通过捆绑互补品和不相关产品成功渗透到浏览器、网络音乐、电子商务、网络游戏、网络搜索、输入法等几乎所有的互联网市场，并占据了相当的市场份额，实现了全方位的产业空间扩张。

最经典的捆绑案例要数当年微软捆绑了 IE 浏览器与网景浏览器（Netscape Navigator）的战争，本来操作系统与浏览器是互补品，但在互联网世界各种戏剧化的情节不断上演，也揭示了商场如战场瞬息万变的情势。早在 1993 年底，微软已经击败老对手苹果成为独步 PC 机市场的江湖老大，但时代的巨变也让盖茨无法高枕无忧。互联网时代的先驱——网景公司，由 1994 年 4 月创立时的 3 个人发展到 1995 年的上千人，其迅速占据了互联网浏览器市场份额的 85%，成为信息高速公路建设的执牛耳者。1995 年 9 月，甲骨文公司总裁拉里·埃里森提出网络计算机的概念，印证了网景在互联网时代存在的必要性，并预言微软地位将动摇——因为网络计算机前台只需要一个浏览器，而用户不需要考虑他在使用什么操作系统，这样，微软在操作系统方面的统治地位就不重要了。

1995 年 12 月 7 日（第二次世界大战珍珠港纪念日），比尔·盖茨在西雅图会议中心对网景等互联网公司宣战，曾经不屑于互联网的微软终于被互联网市场的爆炸性增长所唤醒。而此前一年多，微软过去依靠写封闭式软件来卖钱的策略完全败给了网景的浏览器和推崇开放的互联网新锐。微软在具有"二战"转折纪念意义的这天正式改变了策略，宣布微软的 IE 浏览器将永久免费，把与互联网连接的功能镶嵌到每一个微软的产品中去，从 Word 到 Office 再到 Excel，将探索者浏览器与微软视窗操作系统捆绑起来免费附

送。而当时的网景主要依靠其领航者浏览器和服务器来收费，微软的捆绑策略令网景的服务价格和利润大幅下滑。

当然，网景在市场战略方面也有重大失误。1996年1月，提供上网服务的美国在线总裁凯斯向网景总裁巴克斯代尔提出合作计划，由美国在线来制作和管理网景的主页，同时将美国在线主浏览器换成网景的领航者。但网景则只是想按照网景其他客户一样向美国在线收取使用费。而此时的微软正在向美国在线伸出合作的橄榄枝，合作的条件对凯斯更为有利。但整个1995年，美国在线一直把微软当作最大敌人来对抗，甚至于状告微软垄断联网服务业。然而，商场上没有永远的敌人，只有永远的利益。到了1996年3月12日，美国在线与微软达成协议，微软的探索者成为美国在线的主要浏览器。网景则失去了美国在线这一最重要联网服务的门户入口。

紧接着，微软继续攻城掠寨，于1997年8月6日与宿敌苹果达成技术和销售方面的一系列合作，使苹果电脑也全部安装了其IE浏览器。而重返苹果的乔布斯也在演讲中表示："我们应该改变一个观念，那就是要想苹果胜利，并不意味着微软必须失败。"两位PC界巨头在多年对抗后走向合作，与时俱进地拥抱了互联网的开放共享精神。

1997年的第四季度，网景的亏损达到8900万美元，网景浏览器的市场份额从高峰时的85%降到了60%，而微软的IE浏览器则从无到有，市场占有率达到40%。1998年1月，网景转变策略开始买免费发送领航者浏览器，甚至开放了源代码，彻底走向自由开放的互联网之路。但还是无法抵挡微软IE的快速迭代，和与Windows操作系统的捆绑，到1999年，微软浏览器的市场占有率已达到80%多[1]。

二、替代品的捆绑——时间扩张

互联网厂商在产品更新换代当中常常会通过捆绑不同时间版本的替代，

---

[1] 李彦宏. 硅谷商城［M］. 清华文学出版社，1999.

而在新产品的市场继续保持主导地位。对于时间敏感性较弱的互联网产品来说，其生命周期往往较长，那么时间是用于差别定价的较好的标准，厂商可以在不同时间推出不同的捆绑版本，以避免消费者对于新兴功能的需求得不到满足而转向其他厂商的产品和服务。例如，互联网厂商经常会推出捆绑新增功能或者改善性能的新版本，供用户免费更新，得以继续维持有"新鲜"消费需求的用户，而让消费者能够持续使用该厂商提供的产品，增加其产品黏性并保持用户忠诚度，实现产品在时间上的扩张。

1995年，微软的IE 1问世仅几个月，微软便在11月发布了第二版本的Internet Explorer。第二版最明显的改变在于复制了当时最热门浏览器（网景浏览器）的若干项功能及设计。早些年，很多网站开发时即兼容网景浏览器，以至于该浏览器在1996年的市场份额一度维持在90%左右。微软要想击败网景，首先就要兼容后者的标准。因此，IE 2.0引入了收藏栏功能，并开始支持HTML的一些标准。IE 2.0最终在大多数网页渲染上几乎做到了和网景浏览器一致。而且，IE 2.0也是第一个支持苹果操作系统Mac OS的浏览器。

1996年8月，IE 3.0发布，这是第一款真正让网景感到威胁的浏览器。为挑战后者，微软反向工程JavaScript脚本语言，并由此推出了一个面向IE浏览器的JScript for IE；并且IE浏览器从该版本开始支持ActiveX、插件以及128位加密等新技术。

1997年10月，微软正式发布了IE 4.0。IE 4.0是微软在浏览器市场的转折性产品，是一款真正发起战争的产品，因为微软将IE 4.0集成至了Windows操作系统中，此举使得网景的份额大幅流失给微软，并最终走向倒闭。

1999年，IE 5.0开始大规模侵占全球市场，截至2002年，其全球市场份额已经攀升至80%以上，其中很大原因得益于浏览器在Windows中的集成。

此后的十余年间，微软以平均每两年1个新版本的速度不断捆绑更新其浏览器。一方面更新的产品体验增加产品黏性，另一方面也不断革新功能，与竞争对手争夺市场。微软 IE 系列的最终版本 IE 11.0，一方面在性能上与后来发展势头很好的 Chrome 和 Firefox 竞争，另一方面在商业模式上需要和众多的跨界进入者展开厮杀，而且在移动互联网时代，其传统的捆绑优势日渐式微，在用户入口的竞争中不再占据垄断地位。

移动互联网的发展加速了零距离时代的到来，在这一变迁过程中，PC 互联网时代的很多巨头纷纷败退，不能适应这一时代新的替代品对其传统优势的冲击，所以，社会出现了各界热议移动互联网的现象，各种新奇观点不断涌现。但万变不离其宗，零距离时代的本质和互联网商业模式的创新依然遵循其固有规律。谁掌握规律并遵循这一规律，谁将在市场变革中胜出。

从 PC 互联网到移动互联网产品的捆绑替代，腾讯做到了无缝对接，凭借微信这一超级 App 成为移动互联网入口的先行者和移动互联网流量的超级黑洞之一。值得一提的是，腾讯内部其实有多个团队在开发相似的移动互联网产品，如 QQ 通讯录（一款通讯录与即时聊天完美融合的通讯软件，不仅提供打电话、发短信、联系人智能搜索、归属地显示、联系人同步等便捷通讯录功能，启用通讯录账号后，还支持多人群聊、发图、语音聊天等功能，还有与微信类似的 Q 信功能），这款产品其实比微信的功能更强大，但待机电流较高（开启后由空载时的 6 毫安飙升到 58 毫安）、流量消耗较大等问题不及微信产品体验好，QQ 通讯录半分钟的语音消息耗费大概 80KB 左右的流量，而微信仅仅消耗 30KB 左右，微信后台运行消耗极少流量，约 2.4K/小时，最多不超过 3M/月。

优美的 UI 设计，人性化的极简操作，以及非常低的流量消耗等极致体验，让微信一经推出，就快速成长为中国第一 App，成为腾讯替代自己 QQ 的杀手锏。微信自 2011 年 1 月 21 日推出后，两年多的时间里，到 2013 年 11 月注册用户量已经突破 6 亿人，成为亚洲地区最大用户群体的移动即时通信软件，微信国际版 WeChat 也开始推动其国际化进程。截至 2015 年第一季度，微信已经覆盖中国 90% 以上的智能手机，月活跃用户达到 5.49 亿人，用户覆盖 200 多个国家、超过 20 种语言。此外，各品牌的微信公众账号总数已经超过 800 万个，移动应用对接数量超过 85000 个，微信支付用户则达到了 4 亿人左右。

  微信的成功让马化腾庆幸："微信不是腾讯做的，我们就完了。"当然，Pony 也过谦了。因为微信的成功离不开腾讯 QQ 的捆绑策略，离不开 QQ 庞大的用户基础，同时还开放了手机通讯录的捆绑功能。这种相互替代的捆绑策略既颠覆了自己，又抓住了未来，不失为具有时间扩张意义的高超的企业进化方法。

第十八章
产品差异化与快速模仿策略

一、产品差异化策略：产品体验与营销活动差异

产品差异化行为主要是通过研究与开发或者产品营销活动来达到企业产品与现有厂商不同的策略，是一种非价格行为。对于互联网产业而言，产品差异化的目的是扩大市场规模和提升市场份额，在竞争中提升价格歧视的可能性和可行性。但由于互联网的开放性和交互性，令互联网技术创新和扩散速度非常快，以至于厂商很难通过技术的不同形成其产品差异化。所以，互联网厂商最重要的差异化策略是产品功能体验和营销活动的差异化，即互联网厂商如何改善产品的功能体验，并创新营销方式实现广告效果的最大化，使产品以最快速度让尽可能多的用户接受，并快速达到临界规模，实现网络效应的正反馈。

互联网厂商要促进新产品的扩散，必须满足三点：①创新系数，即首次采用新产品的冒险者和创新者用户的概率，这取决于该新产品差异于在位者产品的程度，在中国互联网市场上，主要是用户价值和产品体验方面的差异；②模仿系数，即对新产品是跟随别人使用的概率，如果该新产品满足产品体验差异且具有较高的黏性，随着产品使用人数的增长，其网络效应会带来正反馈机制；③新产品服务的潜在市场容量，如果一个产品的市场容量，即用户潜在基数有限，那么该产品很难实现快速扩散。而且，产品差异度越

高，互联网厂商的市场越不容易被侵占，均衡时价格也会较高，这里可以理解为盈利模式越容易实现。从淘宝战胜伊贝，拍拍觊觎淘宝的市场地位；腾讯QQ制胜微软MSN，在互联网游戏市场后发居上等案例，我们都可以得出中国互联网产业竞争基本遵循"水晶体系"，产品体验和产品黏性差异在其中发挥了不可或缺的重要作用。因此，互联网企业要扩大市场规模和抢占市场份额，就需要在"水晶体系"的六项要素中的产品体验和用户基数方面做出尽可能大的努力，让新用户有更大的动力去尝试自己推出的产品和服务，尽快形成有效的社会关系网络，提升用户之间的模仿概率，扩大新产品在用户中的应用范围，尽可能快速实现该产品的市场推广，扩充市场容量和用户基数。

二、快速模仿：市场导向的研发占优策略

互联网是一个技术快速更新换代的产业，厂商面对技术快速更迭的市场，研发策略是一个至关重要的问题。为了更快地获得产品安装基数，更快的用户增长，达到临界规模，形成正反馈，厂商需要投入大量资金、技术去开发新产品和新服务。但互联网产业网络效应的存在使得研发周期长短成为决胜于竞争对手的关键，故厂商千方百计缩短研发周期，或者更多采取模仿策略，以较少投入获得快速产出，迅速扩大用户规模。

另外，互联网企业的资源①状况决定了其选择技术创新的形式。而企业的行为不是孤立的，它们之间存在着复杂的关联关系，互联网企业的创新战略选择往往取决于竞争对手的战略。

1. 中国互联网是 Copy to China

很多人都说中国互联网都是C2C，即 Copy to China。如美国有了雅虎，

---

① 这里的资源包括资金、技术和人力资本，而货币资本或者风险投资是互联网企业初期的主要资源投入，所以，初期的互联网企业可以把资源更多地理解为风险资本，有了大量风险资本的注入，可以引进更多的人力资本和技术力量，研发新产品和新技术。

中国就出现了搜狐和新浪；美国有了谷歌，中国有了百度；美国有了亚马逊，中国有了当当，京东；美国有了伊贝，中国有了淘宝；美国有了PayPal，中国有了支付宝；美国有了Uber，中国有了滴滴快的；美国有了Airbnb，中国有了途家。全球互联网的发动机在硅谷，中国的互联网创业者们以硅谷马首是瞻，跟着硅谷亦步亦趋，哪怕是一些较小的创新中国创业者也基本能较早复制并应用于中国市场，而中国庞大的用户基数，使得中国的互联网跟随式创新在市场的孵化下得以快速成长，迅速成为世界上第一大规模且创业活跃的互联网新兴市场。

2. 自主研发还是快速模仿

"存在即合理"，中国的互联网跟随式创新策略必然有符合市场经济的逻辑，我们不妨利用简单的经济学博弈模型加以解释。

①假设模型中有两个参与人：资源富余的领先创新企业A和资源基本均衡的企业B。企业A和企业B均可以有正的收益，是非零和博弈。企业A先行研发出技术创新成果P且市场化成功运作。

②专利制度可以良好地发挥作用，领先企业A对创新成果有两种策略选择：申请专利P和不申请专利S（保有商业秘密）。当企业A实行专利战略时，企业B面临两种决策：购买（I）专利使用权和模仿（M）企业A的创新；当企业A实行商业秘密战略时，企业B有另外两种选择：模仿（M）创新成果P和放弃（G）创新成果P的市场。

③技术创新成果P的市场价值为V，企业A的研发成本为C，企业B购买该项创新专利的价格为0.5C，在企业A实行专利战略和商业秘密战略时的模仿创新成本分别为0.7C和0.8C，如果企业B进入创新市场，成果P的价值被企业A和企业B分割，比例在A实行专利战略时为0.6V和0.4V，A保有商业秘密时为0.68V和0.32V。其中$V > 2.5C$。企业A先选择行动，即实行专利战略P还是保有商业秘密S，然后企业B开始行动，博弈结构见图18-1。

```
              A
             ○
          P /  \ S
           /    \
          B●    ●B
         /\      /\
        I/  \M  G/  \M
        /    \  /    \
(0.6V-0.5C, 0.4V-0.5C)  (V-C, 0)  (0.6V-C, 0.4V-0.8C)
         (0.6V-C, 0.4V-0.7C)
```

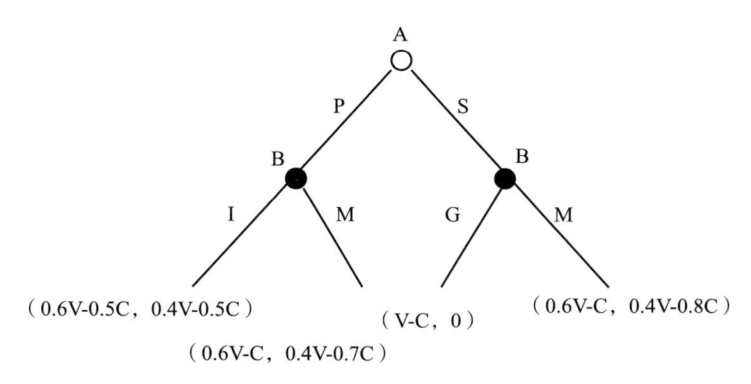

图 18 – 1　企业 A 与企业 B 的决策博弈树

注：图中括号内第 1 个数值代表企业 A 的收益，第 2 个数值代表企业 B 的收益。

因为企业 A 有先动优势，所以这个博弈有两个纯策略的纳什均衡：（专利，购买）和（秘密，模仿）。即如果创新企业 A 实行专利战略时，企业 B 的最优创新策略为引进技术，购买其专利。如果企业 A 采取商业秘密战略时，企业 B 的最优策略为模仿追随（见表 18 – 1）。

表 18 – 1　　　　　　　　　企业 A 与企业 B 的收益矩阵

		企业 B	
		购买/放弃	模仿
企业 A	专利战略	0.6V – 0.5C, 0.4V – 0.5C	0.6V – C, 0.4V – 0.7C
	商业秘密战略	V – C, 0	0.68V – C, 0.32V – 0.8C

这个结果佐证了我国互联网企业发展中务实的创新路径选择。互联网产业网络外部性造成技术外溢和扩散比传统行业快很多，大部分厂商的技术水平无显著差异，研发策略所能发挥的作用是如何开发一项新产品、新服务或新应用，然后快速推广市场。这种研发基本无专利可申请，最多是一种商业模式的创新，只属于商业秘密范畴。竞争厂商在用户体验过程中的"干中学"的效用下，通过模仿这种新的商业模式，可以较快形成自己的模仿创新能力，开发出改进产品。如腾讯 QQ 进入智能手机管理软件市场，凭借模

仿 360 等在位厂商的产品，即可迅速推出改进的新产品 QQ 手机管家。而 360 同样也用模仿策略进入了诸如杀毒、搜索等市场。本来，研发和技术创新的目的就是跟得上时代和获取利润，不能为了创新而创新，正如日产雷诺公司首席执行官卡洛斯·戈恩所说："并不是所有的事情都需要自己来做，应根据合理的商业走向进行判断，如果合作更有效的话就进行合作。"而中国互联网厂商则更具中国特色地诠释了这个道理，既然全行业都无核心技术突破，也无专利保护，那么模仿就理所当然成为一种通用策略，谁模仿得快、模仿得好，加上强有力的营销，谁就能够在市场胜出。

BAT 垄断了吗？

第四部分

互联网反垄断问题一直是社会关注的焦点，本部分用数据说话来验证真伪，全面测度互联网市场集中度和企业进入壁垒，发现了独特的市场结构——单寡头竞争性垄断结构。

科技应用场景化，商业模式创新化，市场全球化的大商业环境，呈现出前所未有的竞争态势，如比尔·盖茨所言："我们离失败的时间只有18个月。"垄断将在竞争中产生，又在竞争打破，周而复始，推动整个商业进程高速发展。

互联网单寡头是由互联网产业属性——双重规模经济决定的，这种结构不会因为拆分垄断企业而消除，拆分在位垄断者的结果往往只会是企业被拆分，单寡头依旧会出现。

第十九章
法学 vs. 经济学
——为什么欧盟诉谷歌案耗时 7 年

互联网反垄断问题一直是社会关注的焦点，从 2010 年轰轰烈烈的"360 与腾讯大战"，到 2018 年索罗斯在达沃斯的演讲再次强调全球大型互联网平台公司的垄断力。

互联网市场垄断了吗？反垄断反什么？为什么欧盟诉谷歌案耗时 7 年？新技术产生的新经济与传统经济的差异在哪里？为什么脸书、谷歌、BAT[①]能快速崛起？互联网经济的本质什么？等等。

下文从反垄断法实施的目的及难度辨析新经济下互联网反垄断执法的出发点及意义。

一、反垄断法实施的前提

反垄断法执行的前提是相关市场界定；相关市场界定的目的是找出市场上有竞争约束关系的产品或服务，但本质却在于对竞争的理解与判定。其意义重大，直接影响最终结果认定；例如，如果将相关市场界定为操作系统软件市场，则微软无疑是垄断者，具有控制产品价格的市场支配地位及垄断势

---

① BAT，B＝百度、A＝阿里巴巴、T＝腾讯，是中国互联网公司百度公司（Baidu）、阿里巴巴集团（Aibaba）、腾讯公司（Tencent）三大互联网公司首字母的缩写。

力；但如果将相关市场界定为所有软件产品的市场，则微软所占份额甚小，完全不足以影响相关产品价格，不具有市场支配地位；二者结论大相径庭。

中国国务院反垄断委员会于2009年对如何界定相关市场给出了指导性意见，即颁布的《关于相关市场界定的指南》（以下简称《指南》）。将相关市场定义为"经营者在一定时期内就特定商品或者服务进行竞争的商品范围和地域范围"；同时给出界定相关市场的一般方法，即在反垄断所涉及的相关市场界定过程中，首先进行需求替代分析，必要时考虑供给替代分析，存在争议等复杂情况可使用假定垄断者测试法（small but significant and no-transitory increase in prices，SSNIP）。需求替代①是通过需求者对商品功能用途的需求、质量的认可、价格的接受以及获取的难易程度等因素，确定不同商品之间的替代程度。商品之间的替代程度越高，竞争关系就越强，就越可能属于同一相关市场。供给替代②是指企业生产者或经营者在短期内提供的紧密替代商品或服务的竞争力越强，替代性就越高，就越可能被认定为一个相关市场。供给替代的含义在于强调潜在进入者所带来的竞争约束。但是，从需求替代和供给替代的角度界定相关市场都难逃主观定性的弊端，相对而言，假定垄断者测试法则是以需求交叉弹性③作为理论基础，以临界损失分析法作为测量方法，其定量的结论也相对更加客观和科学，成为目前国际上主流的相关市场判定方法。需要指出的是《指南》给出的仅是指导意见，而非具体操作规范，在执行层面需要具体分析，区别对待。

二、互联网市场反垄断法实施的争议

相对于传统产业的单边市场，互联网产业具有双边市场、单边收费模式

---

① 国务院反垄断委员会. 关于相关市场界定指南. 第五条.
② 国务院反垄断委员会. 关于相关市场界定指南. 第六条.
③ 需求交叉弹性是需求交叉价格弹性（Cross-price elasticity of demand）的简称：它表示一种商品的需求量变动对另一种商品价格变动的反应程度，指在假定其他条件不变的情况下，A产品需求量的变化率与B产品价格的变化率之比。这一比值越大，说明两产品间的可替代性越高；反之则说明可替代性越低；若比值为零，则说明B产品价格的变化对A产品的需求量没有任何影响，所以两产品毫不相干。

的特征，例如表19-1。鉴于此，互联网产业相关市场界定的两大争议。

表19-1　平台效应明显、社会各界争议比较大的互联网产品平台

产品平台	双边用户	盈利模式
即时通信	网络用户、广告厂商	对网络用户免费，对广告厂商收费
搜索引擎	网络用户、广告厂商	对网络用户免费，对广告厂商收费
电子商务	买家、卖家	对买家免费，对部分卖家收费

争议一：是否以收入模式界定相关市场？

反垄断的目的在于维护公平竞争的市场秩序，防止利用垄断势力进行不正当竞争行为。而垄断势力往往表现为控制价格的能力，所以从收入模式的角度来界定相关市场是一种主要观点。目前欧盟委员会已开始运用"获得收入方式"的标准来界定相关产品市场。

但是互联网的盈利模式具有特殊性，其单边收费模式使得产品的价值与收入没有直接挂钩，用收入模式界定相关市场并不能直接反映产品市场中产品间的竞争关系。即使退一步讲，在收入模式下界定相关市场，那么是否和如何进行市场细分也必将成为一个争论不休的话题。例如，搜索引擎广告市场是一个独立的相关市场还是要纳入互联网广告市场？互联网广告市场是一个独立的相关市场还是要纳入整体的广告市场？用什么来作为划为细分市场的标准等？

争议二：是否以双边市场的两边作为不同的相关市场？

双边市场两边是两类不同的消费者，存在着不同的需求，所以部分观点也认为双边市场的两边应该被判定为不同的相关市场。目前，英国、澳大利亚、挪威等国家都采用了这种观点。

三、全球互联网反垄断案例

不仅理论处在争议中，而在实际执法中，各案的判定也均有所不同，因

"国"而异，因"判定机构"而异，因"具体事件"而异。各国在执法实践中会更多地选择降低或弱化相关市场界定的作用（如日本、英国等），而更多地依靠知识经验（德国等）和个案判决（如芬兰、澳大利亚等）；并且，从支持新兴产业发展的角度出发，各国也都更加愿意实行相关市场界定"宁宽勿窄"的原则（见表19-2）。

表19-2　互联反垄断案中"相关市场界定"的认定案例

年份	领域	诉讼案	判定结果/判定理由
2009	搜索引擎	唐山人人信息公司诉北京百度公司	法院认为：搜索引擎的主要功能是基于海量的数据库和智能搜索算法，为网民提供快速查找与定位所需信息的服务。其功能的独特性使其可以单独构成一个市场
2006	搜索引擎	Kinderstart.com 诉 Google 案[①]	法院以原告没有对搜索引擎广告市场（Search Ad Market）、搜索引擎市场（Search Engine Market）等进行清楚界定为由驳回原告请求
2006	搜索引擎	Carle E. Person 诉 Google 案[②]	原告认为被告处于独立的"目标关键词互联网广告"市场，但法院认为：关键词定位的互联网广告不能独立成为一个相关市场，因为基于搜索的广告和其他媒介形式的广告可以相互替代，所以不应该将其从更大的互联网广告市场中分离，因此驳回原告
2007	搜索引擎	谷歌并购 double click 案[③]	FTC批准谷歌收购double click。FTC认为没有证据支持二者的合并会妨碍竞争。FTC的判定是倾向于在在线广告这一大概念之下再细分不同的广告子市场，例如区分出在线搜索广告市场
2008	搜索引擎	Yahoo 与 Google 广告协议案[④]	"互联网搜索"与"互联网搜索广告"应属不同的相关产品市场
2011	即时通信	微软收购 Skype 合并案[⑤]	欧盟委员会认定微软全资并购skype，符合欧盟条约规定，不予禁止。其中对于相关市场界定，委员会认为，首先要将服务分为消费者服务和企业服务两种；然后在每一种服务领域内进行需求替代分析，替代分析时需从产品功能、平台、操作系统等维度予以细分后再进行分析，不能混为一谈；判定时的结论是基于即使在最窄的相关产品市场的界定中，合并也不具有反竞争效果，故同意合并；事实上是未直接给出明确的相关市场界定

续表

年份	领域	诉讼案	判定结果/判定理由
2008	电子商务	Gerlinger 诉 Amazon.com 案⑥	法院驳回原告，因为原告无法提供证据证明存在一个单独且独特的网上图书市场
2008	电子商务	韩国 eBay – Gmarket 合并案	伊贝曾根据双边市场理论，提出买方和卖方应属于一个相关市场，但韩国公平交易委员会则认为二者分属不同的产品市场

注：①KinderStart.com LLC v. Google, Inc., No. C 06-2057 RS, (N. D. Cal. May 2, 2006).
②Person v. Google, Inc., No. C 06-7297 JF (RS), (N. D. Cal. June 25, 2007).
③See Federal Trade Commission, FTC File No. 071-0170, Statement of Federal Trade Commission Concerning Google/DoubleClick, (2007), available at http://www.ftc.gov/os/caselist/0710170/071220statement.pdf.
④YAHOO! INC. AND GOOGLE INC. ABANDON THEIR ADVERTISING AGREEMENT, FOR IMMEDIATE RELEASE, WEDNESDAY, NOVEMBER 5, 2008.
⑤Case No COMP/M. 6281 – MICROSOFT/SKYPE.
⑥Gerlinger v. Amazon.com Inc., 311 F. Supp. 2d 838, 851 (N. D. Cal. 2004).

综上，相关市场界定的形式意义大于实质意义，因为原告举证的难度非常大，法院往往会采用直接驳回原告的判决，然后保持长期的动态观察。欧盟告谷歌反垄断案耗时 7 年才刚刚尘埃落定。

从经济学的角度研究竞争和垄断的关系？市场结构和市场绩效的关系是什么，是否垄断的市场结构一定妨碍竞争？反垄断究竟是反什么，是反垄断的市场结构抑或是反垄断的市场行为？对实践更具指导意义。

第二十章
"单寡头竞争性垄断"市场结构的出现
——用数据说话

市场结构的本质是研究竞争和垄断的关系。传统经济理论，根据竞争与垄断的不同程度，可分为完全竞争、垄断竞争、寡头、垄断四种市场结构。互联网经济下，出现了新的市场结构——单寡头竞争性垄断，不同于传统经济的寡占。

了解互联网经济的新结构，有助于挖掘和探求互联网经济本质；而深入理解互联网经济的本质，可帮助"传统企业+互联网""产业互联网""互联网应用型创业"的实践者做出最可行、最有商业价值的路径选择。

一、单寡头竞争性垄断结构的出现

如何统计新经济的市场结构？传统经济时代，通常以收入为统计变量计算市场份额，但互联网经济具备双边市场、单边收费模式的特征，例如即时通信、搜索引擎、电子商务三大市场均是双边市场，对消费者免费，对企业收取广告费；同时，真正的竞争是在提供给消费者"使用价值"的市场上展开的，而非在产生收入的市场，故市场份额的统计变量为使用该产品的用户覆盖数。

本书运用集中比率①（concentration ratio，CR）和赫芬达尔指数②（herfindah-hirschman index，HHI）对中国互联网的即时通信、电子商务、搜索引擎三个重要市场做出测度（见图20-1）。本统计数据后经过了实证研究的检验（有兴趣者，可参看《傅瑜博士论文——中国互联网平台企业竞争策略与市场结构研究》）。

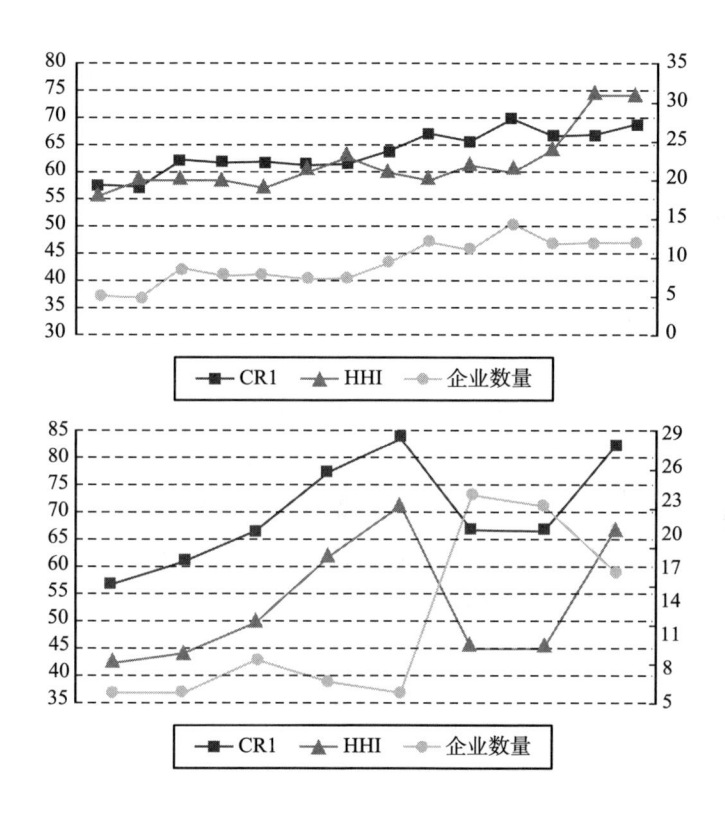

---

① 集中比率（CR）指某一产业内规模最大的前 n 位企业的有关数值 X（如收入、产量、职工人数、资产总额等）之和占整个市场 X 总和的比重。通常情况，CR_n 越大，表明市场集中度越高，市场的垄断程度也就越高；反之亦然。

② CR_n "只能衡量市场内大企业的集中程度，而不能描述其分布情况"，例如：假定一个市场有10个企业组成，另一个市场由8个企业组成，如果这两个市场规模最大的前4个企业的市场占有率是相同的，那么用 CR_4 来衡量两个市场的集中度是一样的，不能区分两个市场的整体分布情况，故引入 HHI 指数来弥补此不足。当市场完全垄断只有一家企业时，HHI=1；当市场内所有企业规模都相同时，HHI=1/n；HHI 将在 1 和 1/n 之间变动；HHI 指数越大，表明企业规模分布越不均匀。

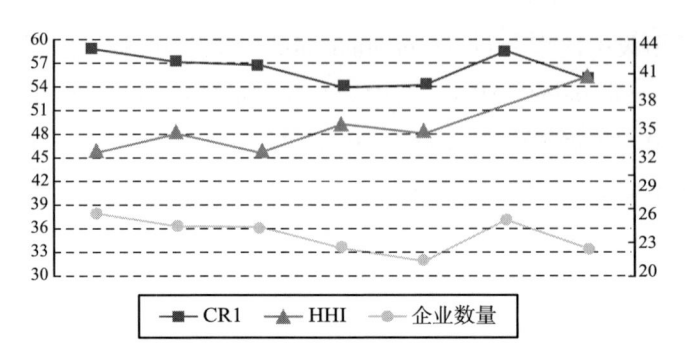

图 20-1　即时通信、C2C 电子商务市场、搜索引擎市场集中度趋势

资料来源：傅瑜. 中国互联网平台企业竞争策略与市场结构研究。

图 20-1 的数据结果表明：互联网三大平台产品市场集中度具有两个共性：①$CR_1 > 50\%$，市场上只有一个企业占有绝大多数的市场份额，且远高于排名第二的公司的市场份额；②市场无进入壁垒，不断有新企业进入市场，企业数量处于不断增长的态势。

从产业数据看，按表 20-1 贝恩对集中度的分类，貌似互联网市场属于寡占Ⅰ型；但又不同于传统经济的寡头垄断。传统经济的寡头垄断市场结构是市场有几家相互依存和竞争的企业占据绝大多市场份额；而互联网平台产品市场是一家公司占有绝大多数市场份额，是单寡头垄断；但它同时还具有完全竞争市场的特征——不存在进入壁垒。

表 20-1　贝恩的市场集中度分类

市场结构	集中度	C_4 值（%）	C_8 值（%）
寡占Ⅰ型		$85 \leqslant C_4$	
寡占Ⅱ型		$75 \leqslant C_4 < 85$	或 $85 \leqslant C_8$
寡占Ⅲ型		$50 \leqslant C_4 < 75$	$75 \leqslant C_8 < 85$
寡占Ⅳ型		$35 \leqslant C_4 < 50$	$45 \leqslant C_8 < 75$
寡占Ⅴ型		$30 \leqslant C_4 < 35$	$40 \leqslant C_8 < 45$
竞争型		$C_4 < 30$	$C_8 < 40$

从产业现象看，例如，即时通信产品市场 2006 年到 2012 年由 18 家增至 31 家，YY 语音（2008 年推出市场），已于 2012 在美国纳斯达克上市；搜索市场 2006 年到 2012 年也由 33 家增至 41 家，垂直类的搜索例如影视搜索、音乐搜索、地图搜索等等不断出现。高市场集中度并没有妨碍中小企业自由进入，只要满足细分市场的需求，这种垂直类的产品在基数庞大的用户市场上有着良好的生存空间。当然，在增长的过程中，也不乏老公司的黯然退出，其频率远高于传统行业，表明竞争的激烈的程度也是传统行业不可比拟的。

实证数据和产业现象均表明互联网领域已表现出竞争和垄断同时双双被强化的态势，即市场的开放度越高（进退无障碍），竞争就越激烈，技术创新的速度也就越快，所形成的行业垄断性就越强，集中度也就越高；而垄断性越强，集中度越高，市场竞争反而越激烈。在竞争和垄断双强态势的作用下，竞争和垄断这种二律背反的共生现象演化出一种新的市场结构——单寡头竞争性垄断。

二、新经济的五种市场结构

新经济的五种市场结构的对比见表 20 - 2。

单寡头垄断的市场结构从市场集中度上看，一般是单个企业占有绝大部分的市场份额，与"完全垄断"接近；但从产品差异性和进入壁垒/退出壁垒来看，不同厂商的产品几乎是同质的，市场也并不存在真正地进入壁垒或退出壁垒，这又与"完全竞争"很相似；从企业数量来看，市场上存在着较多的企业，这又与"垄断竞争"相似；从成本曲线来看，厂商的边际成本几乎为零，平均成本随着产量（或者用户数量）的增加而不断下降，这具有自然垄断的特征，却又比一般的自然垄断行业更加极端；厂商定价则是单寡头竞争性垄断市场最为独特之处，寡头厂商拥有垄断地位，根据消费者支付意愿进行价格歧视，这与"完全垄断"相同，但"价格歧视"的最终结果，却是基本服务免费，这是完全垄断行业不能想象的，在另外几种市场结构下也是不可能出现的。

表 20-2　　　　　　　　　五种市场结构特点比较

市场结构 指标	完全竞争	完全垄断	垄断竞争	寡头垄断	单寡头 竞争性垄断
市场集中度	很低	绝对集中度100%	较低	高	一个企业占有绝大多数市场份额
产品差异性	产品同一性很高	产品没有任何替代品	产品有差别	产品基本同质或差别较大	几乎同质
进入/退出壁垒	不存在任何进入与退出壁垒	非常高	较低	较高	基本无
企业的数量	很多	唯一	较多	几个	较多
边际成本	不变	随产量的增加，边际成本递减；到达一定产量后，边际成本递增			趋于零
定价	价格的接受者	根据企业利润最大化原则的定价	高于边际成本的定价	价格合谋等	基于消费者偏好的歧视性定价
价格变动趋势	稳定	稳定	比较稳定	基本稳定	趋于零

互联网同时具备很多看起来互相矛盾的特点，并不是偶然的，而是由互联网经济的本质决定的。

第二十一章
竞争性垄断成因
——互联网经济的本质

企业做大做强都会有追求垄断的行为,为什么传统产业没有出现单寡头垄断?为什么腾讯仅用不到20年就做到全国第一、全球第五的市值?为什么网络效应能赢者通吃?

为什么腾讯2005年就提出为用户提供一站式的在线生活服务?为什么美团要做出行?

为什么互联网的免费策略是成功的法宝;但为什么O2O的补贴策略又几乎全军覆没?为什么腾讯拍拍和百度有啊没能赶超淘宝?

这些产业现象、商业竞争策略成败背后都是互联网经济的本质在发挥作用。互联网经济与传统经济的差异性是什么?互联网经济本质是什么?

一、新供给方规模经济

供给方规模经济的概念起源于马歇尔的《经济学原理》,本质是反映企业生产规模与经济效益之间的关系;在一定的产量区间内,只要增加投入就可以获得更大产出,只要增加产出就可以降低平均成本,从而实现规模经济;但传统产业生产的实物产品,随着产量增加总会受到资源稀缺性和成本约束,导致规模不经济(见图21-1),当AC(平均成本)>MC(边际成本)时,是规模经济;当AC<MC时,就产生规模不经济。

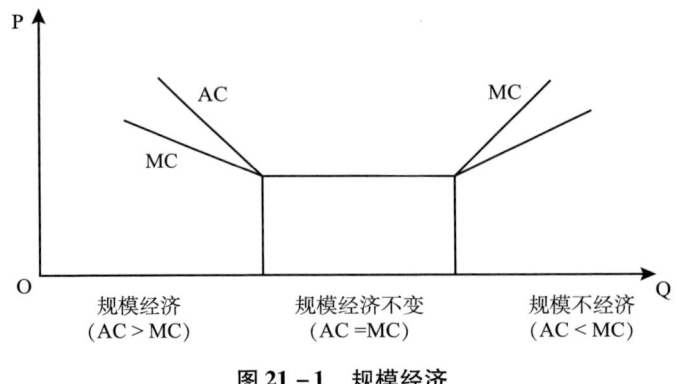

图 21-1 规模经济

互联网产品的生产完全不同于传统产业的实物生产,不受资源稀缺性的约束,边际成本趋于零,平均成本递减,故其供给方规模经济的区间趋向于无穷大。例如:如果不考虑带宽等固定成本的前期投入,即时通信产品的生产只是增加了一个即时通信账号,其边际成本几乎为零;百度和淘宝增加一个人使用者也并不会产生边际成本。因此互联网的产品特性决定了其供给方的规模经济趋向于无穷大,突破了传统供给方规模经济的边界。

互联网独特的供给方规模经济就一定会导致单寡头垄断的市场结构吗?答案是否定的!这种由互联网产品特点所形成的趋向于无穷大的供给方的规模经济对市场内所有企业而言是共性,市场内所有企业均可分享这种边际成本趋于零、规模经济趋于无穷大带来的利益,故单凭借这种供给方规模经济还不足以形成单寡头垄断的市场结构。

二、网络效应的经济原理

互联网产业最显著的特征是网络效应,网络效应背后的经济逻辑是需求方的规模经济,指产品价值随着购买此产品或其兼容此产品的使用者的数量增加而不断增加;例如当一个人使用即时通信产品的时候,该产品是没有价值的,使用的人越多,该产品的价值越高。

需求方的规模经济使互联网市场的需求曲线呈现倒 U 型,当网络规模没有达到临界点时，市场就会萎缩甚至为零；但一旦超过临界点，就会表现出很强的网络效应，引发正反馈机制，正反馈作用下又会产生消费者的锁定效应，增加转移成本，产生"赢者通吃"的市场现象，作用机制见图21-2。

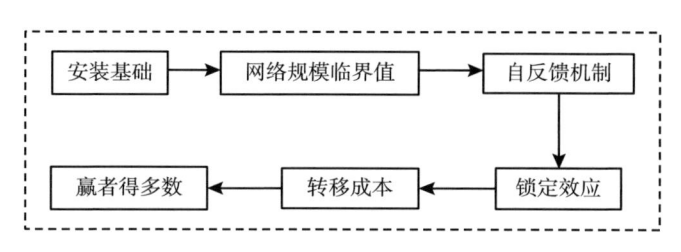

图21-2 互联网需求方规模经济作用机制

三、双重规模经济 = 单寡头垄断

互联网产业需求方规模经济与供给方规模经济共同作用，形成了独特的单寡头垄断的市场（见图21-3）。

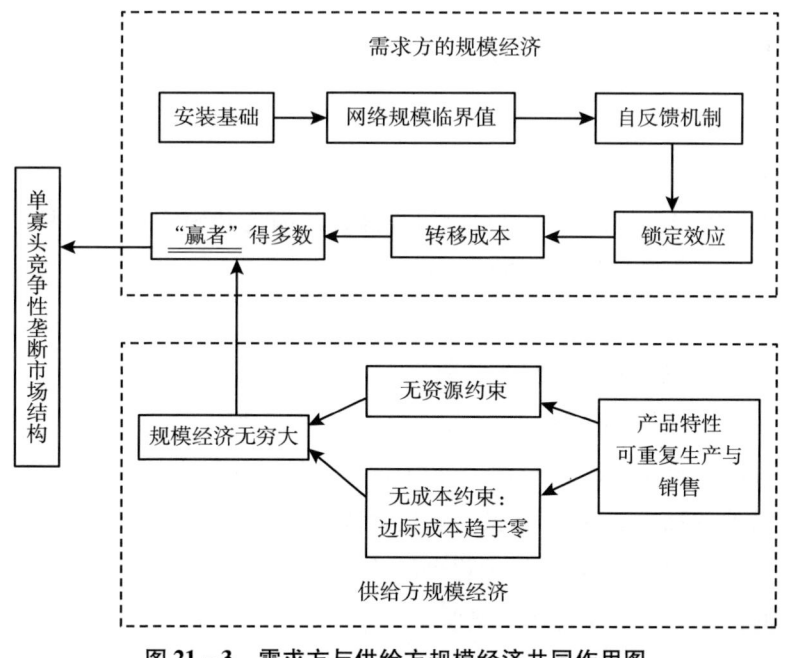

图21-3 需求方与供给方规模经济共同作用图

网络效应背后的经济学原理是需求方的规模经济，使用者获得的效用随使用者人数的增加而增长，使用者突破一定人数后即呈现指数型增长，同时供给方的规模经济突破了资源约束，与需求方规模经济形成协同效应，最终决定了赢者通吃的格局。这是为什么互联网企业发展速度与规模是传统企业可望而不可即的，也是为什么腾讯仅用不到20年就做到全国第一、全球第五的市值的本质原因。

四、锁定效应

为了快速突破用户规模的阈值，形成网络效应，初创企业最有效的竞争策略是免费策略，例如，2002年通过收购易趣网33%股份进入中国的伊贝，凭借先发优势在2003年在C2C电商市场达到80%的占有率；但淘宝仅凭一招"免费策略"打败伊贝（伊贝2005年市场份额下滑到24%，最终黯然退出）。

但为什么O2O竞争中比免费策略更进一步的补贴策略反倒几乎全军覆没？

这是因为网络效应所形成的用户规模需产生锁定效应，最终方能享受需求方和供给方规模经济的红利。O2O的补贴竞争策略，之所以失败是因为补贴得到的用户没有黏性，停止补贴后用户大量流失，并未形成锁定效应，自然无法形成需求方和供给方的规模经济。

腾讯、阿里的股票之所以可以涨涨涨，是因为其锁定效应的黏性很强，使其可以一直享受互联网经济的红利。

1. 腾讯的锁定效应：SNS的黏性

《荀子·王制》中就提出"人能群"，表明人类的特点不在于生理或生物学的特征，而在于人是一种"能群"的动物，这种群不是一种自然的动物群，而是一种有分工、分职，互相合作的社会组织，也就是社会关系；《马克思恩格斯全集》第1卷中提到"人的实质也就是人的真正的共同体"。但真正的社会关系需要互动才能形成，即使是由于生殖行为而产生的血亲关系如果失去了社会互动也会渐渐淡漠。

腾讯的即时通信工具正是通过创新不断满足和升级人们的社交需求，而这种满足社交网络服务（social networking services，SNS）刚需的互联网产品不仅能因用户间口碑相传而快速地获得用户规模，更重要的是社交网络服务的黏性所产生的锁定效应是最强的，一旦社交网络服务的规模形成，用户不会也不能轻易转换平台，因为产品转换已不是一个人的事，而涉及整个关系网络的迁移，故社交网络服务强黏性所产生的锁定效应使得需求方和供给方的规模经济高效协同，形成赢者得天下的格局。

2. 阿里的锁定效应：电商平台的交叉网络效应

阿里的市值于 2018 年已突破 5000 亿美金，阿里成功的基石是阿里电商平台，阿里电商平台成功的背后是互联网经济的本质——需求方和供给方规模经济的协同作用，而此红利得以持续享受的原因是阿里电商平台的锁定效应——交叉网络效应。

阿里电商平台的双边市场具有明显的交叉网络效应，即买家的数量越多，卖家的效用就越高，反之亦然。这种交叉网络效应使得户规模可快速达市场启动的临界值，且自反馈很快，双边用户即被锁定，同一商业模式下其他平台则难以赶超，不缺资金不缺人才不缺流量的腾讯拍拍和百度有啊均无法在同模式下与淘宝竞争。

大多企业只一味追求用户规模，而忽视锁定效应，但没有锁定效应的用户规模注定是昙花一现，免费及补贴所投入的成本也终将是沉没成本。

总结：
（1）互联网经济的本质是需求方的规模经济 + 新供给方规模经济；双重规模经济的高效协同将形成赢者得天下的格局。
（2）双重规模经济得以发挥作用的基础是用户规模和锁定效应，缺一不可。
（3）锁定效应是大多数企业容易忽视的问题，导致大量的沉没成本，最终一无所获，需引以警惕。

五、竞争来源：科技应用＋商业模式创新＋全球化市场

那么，是否当具备用户规模和锁定效应的企业获得双重规模经济的红利后，其他企业就无法生存，无法与之竞争？答案是否定的。BAT 单寡头垄断后，京东、今日头条、美团、滴滴等企业应用技术创新快速成为独角兽。

科技日新月异，4G 网络的兴起，推进了直播、短视频技术的应用，斗鱼、得到、喜马拉雅等主打不同垂直领域的产品相继走红，自媒体内容随之而生；AI 技术的成熟，医疗影像等垂直行业应用创新初现；区块链技术的应用突破指日可待……科技将日新月异，技术应用带来的市场机会永远存在；技术应用创新背后的竞争逻辑是商业模式创新，未来企业的竞争是商业模式的竞争；同时，全球化市场更蕴藏了巨大的机会。这是最好的时代，也是最坏的时代；即使是寡头，错过一次技术创新，也可能如流星般迅速陨落；如比尔·盖茨所言："我们离失败的时间只有 18 个月。"垄断将在竞争中产生，又在竞争中打破，周而复始，推动整个商业进程高速发展。

第二十二章
反垄断，反什么？

反垄断究竟反什么？这个问题的背后涉及的其实是"市场结构与市场效率之间的关系"的经济学问题。他山之石，可以攻玉。先看看美国反垄断的实践。

一、美国反垄断史

1. 资本主义初期的无为而治，以市场为导向

1776 年，亚当·斯密在《国富论》中提出"看不见的手"理论（市场机制论），市场是实现资源配置的最佳方式；资本主义初期以及之后的一两百年直至 19 世纪 90 年代间，政府都奉行以市场为导向的政策，不加以规制。

2. 20 世纪反垄断高潮的出现

19 世纪后半期，美国工业得到快速发展，在高速发展过程中，小公司可以通过收购、控股等多种方式将自己壮大成大型垄断企业，再使用已获得的垄断力量谋取超额利润，许多中小企业也会因此而破产。这直接导致了 19 世纪 80 年代美国的大规模抵制垄断的群众运动。

1890 年，迫于政治压力，缓和民众对垄断企业的反感敌视情绪，美国出台第一部反托拉斯法《谢尔曼法》，但《谢尔曼法》仅限制了横向兼并，并未限制纵向兼并，因此在实践中，没能有效遏制垄断的发展。1904年美国318家大垄断托拉斯中有93%是1890年后产生的。1914年，为弥补《谢尔曼法》的缺失，美国政府出台了《联邦贸易委员会法案》和《克雷顿法》，成立了反垄断执行机构——"联邦贸易委员会"（FTC），之后，它与司法部的"反垄断局"（DOJ）一起成为美国反垄断政策的实施机构。1936年，出台《罗宾逊—帕特曼法》，对《克雷顿法》进行了修正。1968年，美国司法部发布了《并购指南》，以市场结构为核心思想，对企业的横向、纵向、混合兼并做出了标准控制。这一阶段，企业的兼并行为收到了严格的监控。20世纪60~70年代，美国经济出现滞涨，不少学者专家把滞涨的原因归咎于反垄断政策限制了大企业的兼并，从而降低了美国企业在国际市场的竞争力。

3. 20世纪末反垄断政策走向宽松

20世纪70年代，美国反垄断政策更多关注垄断行为对经济效率的影响，反垄断政策也逐步走向宽松。20世纪80年代，也就是里根就任美国总统期间，主要采纳"放任自由、放松规制"的政策主张，对信奉自由主义的经济学家委以要职，例如美国司法部"反托拉斯局"局长贝格斯特、"联邦贸易委员会"主席米勒、"联邦法院"法官波斯纳等等，因此也出现了一轮兼并热潮。20世纪90年代，出现了第五次企业并购浪潮，以寡头厂商为主导的市场结构成为整个经济的主流。

二、反垄断，反什么？

美国经历了"政府完全不规制""严格规制的反垄断政策"到"宽松的反垄断政策"三个阶段。政策变化过程是从实践到经济学认知不断升级的过程。政策完全不规制阶段，是经济学起源——国富论提出的时期，政府信奉自由的市场竞争效率是最高的，故不加以干预。但因不干预政策所出现的市场问题，哈佛学派提出"结构—行为—绩效"的单向关系，认为垄断的市场结构会导致垄断行为，从而降低市场绩效；政府又实施了矫枉过正的反垄断行为，导致经济滞胀。之后芝加哥学派提出"市场结构、行为和绩效并非单向的因果关系，而是具有双向的、复杂的内在联系"。企业由于技术创新、管理水平等而形成高生产效率，高生产效率产生了规模经济，导致了高利润率，同时形成了高市场集中度，高市场集中度是高效率的结果，市场资源配置也是最优的。

经过实践与理论的不断循环发展，形成的普遍共识并被广泛应用的是：反垄断是反垄断行为，而非垄断结构。其经济学理论依据是芝加哥学派的观点，由于技术创新等形成的垄断结构，市场效率是最优的，不需规制。而从反垄断的目的看，反垄断需要反的是利用垄断地位实施的妨碍竞争的垄断行为。

中国互联网产业的
市场绩效评价

第五部分

　　互联网市场结构具有"可竞争性"与"可垄断性"的双重特征。传统的工业时代标准无法衡量互联网产业的市场绩效，需要我们开发新的衡量标准。本部分从资源配置的静态效率和动态效率综合来衡量，提出根据消费者的效应满足、市场进入退出障碍、市场成长空间和创业与创新等方面来测度互联网市场绩效。并专门针对互联网企业高估值的现象做出剖析，指出互联网企业估值取决于平台效应、用户价值、零距离效应、货币化能力和垄断溢价这五个维度的变化。

第二十三章
工业时代的标准无法适应新经济

互联网产业单寡头竞争性垄断市场结构的出现,打破了传统经济学的市场结构理论,增加新经济下对市场结构判定的新维度。互联网产业在生产方式、商业模式与消费者需求满足等方面与传统工业产业有着截然的不同,要求我们对其市场行为和市场结构要审慎判断,不能生搬硬套过去工业时代的市场绩效标准来考量互联网产业。我们应该知晓,互联网企业在商业创意的驱动下,努力提高产品黏性,扩大用户基数以增强网络效应,并通过盈利模式创新来实现规模式爆发性成长,在网络效应作用下,市场结构趋向于单寡头竞争性垄断格局,这种市场结构具有"可竞争性"与"可垄断性"的双重特征。而传统的工业时代标准无法解释互联网产业的新现象,需要我们开发新的衡量标准。

一、勒纳指数与贝恩指数的无效

传统产业组织理论中市场绩效常用勒纳指数和贝恩指数来衡量,勒纳指数用于度量一个厂商所拥有的垄断势力的大小,它等于 (P − MC)/P,此处 P 是厂商的价格,MC 是边际成本。该指数要求能够测量边际成本[①]和价格,

---

[①] 传统产业的边际成本虽然不易测量,但毕竟是大于零的数值,而价格也是可清晰度量的,所以勒纳指数等指标可以作为衡量市场绩效的重要方法。

但在互联网产业中边际成本为零,价格通常情况下也为零,因为大部分互联网产品与服务都采取了免费策略,并通过互联网的双边市场特性从另一边或第三方收取费用。在边际成本与价格都为零的情况下,利用勒纳指数无法测量互联网产业的市场绩效。

贝恩指数是通过企业的超额利润来反映市场垄断程度的指标,该指数认为,超额利润越高,说明市场垄断性越强。其计算公式为 $BI = \pi_e/V$,其中 $\pi_e = (R - C - D) - iV$,式中 V 为投资总额,π_e 为经济利润,R 为总收入,C 为当期成本、D 为折旧额,iV 代表正常投资收报酬。贝恩指数把超额利润作为衡量垄断的标准在有些情况是不成立的:例如,由技术水平和创新带来的高利润,或经营管理水平高而带来的高效率进而导致的高利润;另外,相反的情况也有可能发生,即没有超额利润并不等于没有垄断势力,例如,但市场需求不足时,即使只有一家垄断企业也无法获得高利润,或者垄断厂商为了遏制竞争者进入,长期采取低价策略,也不会带来高利润。因此,贝恩指数具有一定的不确定性。在互联网市场上,单寡头竞争性垄断市场特征表明,没有一家企业可以长期低效率垄断一个产业,总是存在创新的竞争压力,厂商通过技术和商业模式的创新增强自身的网络外部性,形成正反馈以扩大网络规模,也正因如此,市场上始终存在着潜在进入者通过同样的市场行为打破既有的垄断势力,因为互联网市场的垄断不是在于厂商提供的产品和服务,而是在于依存于网络外部性的用户关注程度,所以单寡头厂商无法通过提高其产品的价格来获利。这样,工业时代的产业组织理论衡量市场绩效的主要指标无法应用和解释互联网产业的市场竞争,需要我们开发更有效的方法来测度互联网时代的产业绩效。

二、网络效应与双边市场的特殊性

传统的市场结构理论无法解释互联网产业的诸多问题。工业时代资源的稀缺性影响供求关系进而决定了市场价格,而互联网产业的价值取决于网络的节点数量(也就是用户数量)、消费者的注意力集中程度和效用满足程度,网络规模和消费者效用越大，市场价值也就越大。所以，工业时代的限产提价问题在互联网产业内是不存在的，因为网络效应的存在，以及互联网企业边际成本为零的特征，使得规模经济效应理论上可以趋向于无穷大，网络的黏性和用户规模成为市场竞争的关键成败因素，不会有哪个企业愿意限产提价来放弃市场，即使具有垄断势力的企业也具有不断扩张市场的需求和动力。

还有，工业时代的掠夺性定价问题在互联网产业内也无法界定。判定掠夺性定价的标准通常是"价格—成本"关系，也就是说价格定地低于厂商的平均成本时可以认为存在掠夺性定价。但是，对互联网产业而言，无法实行最低限价。因为互联网产业具有固定成本高而边际成本为零的特征，使其产品和服务的平均可变成本可低至忽略不计的程度。因此，成本的不确定性由高固定成本和低平均可变成本构成。这样厂商可以有两种选择，既可以根据高额的平均固定成本定高价，也可以根据低廉的平均可变成本将价格定于低到接近于零的水平。而市场的伯川德竞争压力，使得具有网络效应的厂商最终以免费形式提供基本的互联网应用产品和服务，如中国 C2C 电子商务市场的竞争。而互联网产业普遍存在的双边市场特性可以使厂商能够通过市场的另一边（广告或卖家租金等）获取收入，包括平台用户成员资格费（固定费用）和使用费（变动费用）。尤其对于后进入双边市场的互联网平台企业（如早期的淘宝），必须想方设法把双边用户"拉"到平台上。那么它选择的定价方式将是通过免费服务甚至对他们接受服务给予回报或奖励，来吸引消费者以得到市场一边消费者的临界数量。

三、互联网盈利模式的复杂性

互联网产业一反传统工业时代"一手交钱、一手交货"的盈利模式，实行了更为复杂的盈利模式，经历了十余年的烧钱和探索，中国互联网企业逐渐形成了"基本服务免费、增值服务收费"、双边市场定价、竞价排名、广告收费等盈利模式。这些模式是基于互联网产业网络效应和双边市场等特征产生和发展起来的，相对于工业企业而言是比较复杂的。

不言而喻，中国互联网企业竞争的主要目标是实现高额利润，实现这一目标的主要方法是要做大市场规模和提升市场份额。其市场行为表现为价格行为和非价格行为。

价格行为方面，处于单寡头竞争性垄断位置上的企业不再像传统工业经济里凭借市场垄断地位和政府管制实施垄断定价，他们基本上没有任何控制价格的能力，因为市场需求主要取决于消费者的价值判断和付费的意愿，中国消费者对价格的敏感程度是影响其付费水平最为重要的影响因素；厂商能做的是利用消费者对价格敏感程度的不同实行歧视性定价，为高净值用户推出收费的增值服务（如 QQ 秀、VIP 邮箱等），而这些策略的成功又必须有高黏性的网络产品的支撑，提高用户的转移成本，不会因为收费而丧失用户。

非价格行为方面，中国互联网最早和最普遍的盈利模式是广告收入，网易的163邮箱成功利用了双边市场的特征，对用户使用邮箱免费，积累了大量用户后开始为客户提供广告服务。百度的竞价排名方式是非价格行为的精彩诠释，一举成为互联网最赚钱的盈利模式。互联网非价格行为都是基于双边市场的特征，而双边市场是传统工业时代没有出现过的新鲜事物，工业时代的产业绩效理论对双边市场定价缺乏解释力。因为影响双边市场定价的因素较多：包括双边的交叉网络外部性、需求弹性、平台厂商的相对市场势力、平台规模，以及在另一边创造的剩余、平台竞争与多重通道和捆绑等[1]。不同厂商会选择不同的定价模式、不同的进入战略和不同的差别化战略。如中国市场中，C2C 电子商务的先进入者伊贝采用了国际上成功范例伊贝的盈利模式，对平台双边收取佣金；但后进入者淘宝则采取完全免费的模式，实现后来者居上；而另一个后来者拍拍的进入，使得淘宝又发展出差别化竞争平台——天猫商城；近期区别于 C2C 电商模式的京东商城等 B2C 市场的火爆，将苏宁、国美等传统的卖场企业也卷入到电商的竞争中，可见互联网市场竞争和盈利模式的复杂性，也表明互联网对传统工商业的冲击已经越发明显，迫使传统工商业不得不加快互联网化变革。

---

[1] Rochet & Tirole（2004），Two-sided Market：an Overview [R]. IDEI, University of Toulouse.

第二十四章
互联网产业市场绩效衡量新标准

互联网产业的市场绩效应该从资源配置的静态效率和动态效率综合来衡量。因为互联网产业是具有"可竞争性"和"可垄断性"双重特征的单寡头竞争性垄断市场,这一特征意味着单寡头的垄断地位是暂时的或不稳定的,会随着时间的推移和技术进步速度而动态变迁,新的技术或新的商业模式的出现会带来市场结构的重新调整,并在网络效应的作用下加速这一变化。所以,互联网产业资源配置效率应该根据消费者的效应满足、市场进入退出障碍、市场成长空间和创业与创新等方面来测度。

衡量互联网产业的市场绩效,应考虑三个市场主体:一是消费者;二是提供支持服务的新兴互联网产业;三是利用互联网从事商业活动的传统市场主体。本节将从互联网产业的三个主体展开评价,即互联网产业的发展是否有效提升了消费者福利?其产业发展本身是否健康?市场结构是否妨碍了竞争和创新?互联网发展是否促进了传统产业的进步和效率的提升?

一、消费者福利

互联网产品大多基本功能免费,这也使得消费者可以无偿使用互联网的大部分基本服务,大大改进了人们的生产和生活方式。同时,免费价格行为也形成一定的进入壁垒,不会使大量资源错误配置于互联网产业,因为后进入者无法利用直接收费的模式获利,不得不探索更具商业模式创新的新型收费方式。互联网先行者凭借先发优势、网络效应和自反馈特征较容易建立相对稳定的优势①。这也是中国目前互联网产业形成单寡头垄断市场结构的原因之一。然而，中国目前的处在优势地位的单寡头企业并没有凭借自己的市场地位去攫取额外的市场收益，相反还在竞争压力的推动下不断去尝试新的业务和新的经营模式②。从消费者效用提升的角度看，互联网产业不仅提供了更多的产品和服务，其中相当多的内容是前所未有的新的消费者效用开发和满足，而且互联网应用和服务的免费性大大增进了消费者福利。

互联网企业提供的产品和服务具有非稀缺性特点，这与传统产业截然不同，使得传统的经济理论的一些假设前提不复存在，即如何将有限的产品在消费者之间进行分配的假定在互联网产业中不再适用。我们可以看到互联网产业极大地增加了消费者的效用。消费者可以借助互联网浏览新闻，足不出户即可知天下事，可以在网上收发邮件，避免了去邮局排队和买邮票的成本，还可以在网络交友，扩大自己的社交网络，甚至可以在任何一个时刻、任何一个地点获得自己想要的信息，以及享受到很多传统产业所无法满足的很多产品和服务，如网上购物，改变了人们的消费方式，极大地改善了人们生活的便利性；而且还增加了无数的就业机会，如电子商务和网上开店，避免了传统的繁琐的工商营业审批，解决了自由择业问题；这些都极大地提升了消费者的效用。

同时，互联网产业的发展也不断创造出更多更新的生产和生活方式，正在迅速改变着人类的生产、生活和社会交往等。最近兴起的博客、微博和SNS虚拟社区、网络游戏等，这些消费需求某种程度上是被互联网企业开发或供给创造产生的，并迅速发展成为最具影响力的新媒体、新社区、新娱乐方式，成为各界不可忽视的一股蓬勃发展的经济和社会力量。

---

① 典型的例子是，早期的C2C拍卖市场是多家公司分享，其中，伊贝公司占主导地位，后来由于淘宝公司采取免费价格策略，一举抢占了C2C拍卖市场的决定市场地位。之后，伊贝公司也采取了免费价格策略，但由于淘宝的市场规模优势，使得伊贝无法再撼动淘宝市场的决定市场地位。

② 淘宝也迫于竞争压力和客户对免费模式的依赖性，一直无法改变现有的经营模式，这也逼迫淘宝不得不寻求新的创新和新的商业模式。比如，淘宝推出衍生产品支付宝和淘宝商城来解决支付问题和高端商家需求的问题。

互联网为人们节约了大量的货币金钱，因为其产品和应用多数是免费提供的，即使收费的内容也远低于传统业态的收费水平。如通过电信网打美国长途电话 2.45 元人民币/分钟，而使用基于互联网的 IP 电话，则只要 0.13 元人民币/分钟，两者的价格差异非常明显。诸如此类的近似免费性和低价的互联网应用与服务大大提升了消费者的福利。

二、市场成长空间

中国互联网市场经历了爆炸式增长，从 1999 年中国网民数仅 537 万人，至 2008 年，中国网民数量达 2.21 亿人，就已超过美国，位居全球第一，截至 2012 年 12 月底，中国网民规模达到 5.64 亿人，是美国人口数近 2 倍，互联网普及率 38.8%，目前，网民增长虽已进入相对平稳期，但仍有较大空间。

同时，移动互联网则呈现出高速增长趋势，2012 年我国手机上网人数 4.2 亿人，年增长率高达 18.1%，增速远超网民整体增速。移动互联网市场功能空间巨大。

中国互联网产业的收入规模，平均每年保持着 40% 的增长速度[①]，2010 年达到了 1513.2 亿人。2008 年后，我国互联网广告市场、网络游戏市场、搜索引擎市场收入以年均约 20% 的速度增长，其中 C2C 和 B2C 电子商务市场更是以 40% 的增速领跑互联网产业，截至 2012 年 12 月，我国网络购物用户规模达到 2.42 亿人，网络购物使用率提升至 42.9%。与 2011 年相比，网购用户增长 4807 万人，增长率为 24.8%。在网民增速逐步放缓的背景下，网络购物应用依然呈现快速的增长势头。易观国际的研究报告表明，中国电子商务市场规模 2008 年达到 140 亿元的收入规模后，将以 357% 的年均速度增长，至 2014 年将达到 3000 亿元的收入规模。数据显示，中国 C2C 市场交易规模从 2003 年到 2011 年的年均复合增长率达到 92.9%，到 2011

---

① 互联网产业收入是指以互联网为载体的各种细分应用服务的运营商收入，主要包括网络游戏、网络广告、网上购物、电子商务、旅行预订、网上招聘、域名主机、电子支付等行业收入。

年达到 2013 亿元。网络团购市场，2012 年中国团购用户数 8327 万人，全年增长 28.8%，但仍保持相对较高的增长率。

上述数据表明，中国的互联网市场并没有因为单寡头竞争性垄断格局而终止和减缓市场成长，依然有着较大的市场增长空间。让我们回顾当年淘宝与伊贝之争，不难得出结论，在市场空间依然潜力巨大的时候，不能因为某个企业一时的垄断性地位就断定产业的市场绩效不合理，而应该动态地去考量，结合产业发展动态衡量互联网企业的市场行为和绩效，只要在位者企业没有做妨碍市场成长的行为——事实上几乎没有哪个企业具备此种能力，就不应判定该产业市场绩效不合理。

三、进入退出壁垒

用市场进入退出壁垒来衡量市场绩效是芝加哥学派、可竞争市场学派、新奥地利学派等产业组织流派的重要方法，他们基本的共识是，只要市场可自由进入退出，不存在进入退出壁垒（沉没成本），实际上除了行政壁垒（由政府管制牌照数量、或由政府立法来阻止竞争），任何市场都是可竞争的。即使存在垄断的厂商，也是因为竞争有效的结果，这样的垄断厂商不可能制定垄断价格，因为他们时刻都在提防潜在的进入者或以前的失败者卷土重来。

早在 2000 年前后的微软案，美国许多经济学家和法官们就是否应分拆微软争论得异常激烈[①]。从微软案我们得到启示，"旧"产业组织理论因年代久远，越来越不符合现实复杂的经济运行模式，解释力越来越弱，日渐式微，逐步失去"市场"；新产业组织理论虽具有精美化的模型，但因其模型的机械化和模型假设的理想化，也难以与现实经济情况相吻合或者说超越了现实世界的合理性。故而，处于"新""旧"产业组织理论中间的新奥地利

---

① 综观微软案的辩论，我们难以找到新制度学派和博弈论等新产业组织学的理论依据。传统的哈佛学派、芝加哥学派等"旧"产业组织学的思想观点也鲜有所闻；相反，新奥地利学派（Neo-Austrian）的思想以及受新奥地利学派思想影响的观点大行其道。

学派就顺应了当时美国社会经济现实的需要，在微软案诉讼中担负了主要理论解释的重任[①]。

对于较微软更为新兴的互联网产业，其网络效应影响下的竞争性垄断市场结构更加复杂，传统的"旧"产业组织理论与注重数理模型的"新"产业组织理论更加难以胜任揭示和指导产业发展的职责，在中国互联网竞争日益激烈和白热化的今天，重新审视产业组织学各流派的观点。

通过第二十章对互联网产业单寡头竞争性垄断市场的实证检验，我们知道，随着集中度的升高，企业数量也有所上升，互联网市场的集中度升高并未影响到企业的进入，没有形成市场进入壁垒。也就是说，虽然互联网市场中有单寡头垄断格局，但并未影响后进入者加入互联网产业，因为新经济环境下，只要满足"水晶体系"的六个要件，有能够满足市场需求的商业创意，就不存在真正地进入退出壁垒。

四、创业与创新

传统经济中，如果存在进入退出壁垒，具有垄断或寡头市场地位的企业可以依靠其市场势力使潜在的竞争者难以进入，从而获得相对稳固的地位。这些垄断（寡头）在位者就存在掠夺性定价的可能，可以防止新进入者的竞争，遏制了创新。但在互联网经济时代，没有行政壁垒的情况下，基本上除了技术，没有其他的进入壁垒。而对于中国的互联网产业，技术创新更多的表现形式是改进型创新，因为国内的互联网行业龙头企业基本上都是在模仿国外（主要是美国）的技术创新和商业模式创新，并加以改进的基础上发展起来的。如百度是模仿谷歌后进行技术升级改造成为中文搜索的龙头老大，腾讯是受到ICQ的启发并二次创新发展成为互联网跨界的航母，淘宝是模仿伊贝并推行免费战略的后发先至的最后赢家。虽然它们靠改进型创新获得了市场竞争优势，并逐渐占据了单寡头市场地位，但是，一旦它们创新

---

① 夏大慰，王步芳. 微软案中的新奥地利学派思想分析 [J]. 经济管理，2003（16）.

的步伐放慢或者停滞，就可能很快被后来的创新者超越。

经典的案例发生在搜索市场中，2003年以前中国的搜索市场基本由雅虎占据支配地位，一度占到市场份额的43.7%，但2009年雅虎的市场份额降至1.0%，被本土创业者百度以极快的速度赶超。短短的七年时间，百度的市场份额从11.2%增长到63.9%，跃升为新的单寡头垄断企业。市场垄断地位者从雅虎到百度的快速的根本性转变，说明互联网垄断其实是很不稳定的，可以随时被打破。

现在的百度虽然获得了单寡头垄断地位，但并未妨碍市场的自由竞争。随着Web2.0时代的到来，每个互联网用户同时具备了大量信息的创造者和浏览者两个身份，而海量的互联网信息催生出更新的搜索需求，同时也更大地激励了企业的技术创新。近年来微软、腾讯、搜狐等著名厂商都推出了自己的搜索引擎参与市场竞争，试图攫取搜索市场份额，如果百度停止技术进步就很有可能被其他企业超越。由此可见，单寡头垄断型市场结构其实并没有破坏技术创新，相反如果互联网企业没有达到一定的垄断性规模，就没有可能投入足够的资源研发先进技术，保持持续的技术创新态势，也没有可能在激烈的国际市场竞争中取得相对优势和脱颖而出。

五、对传统产业的影响

近十几年，互联网的出现和发展极大地改变了人类的生产和生活，对人类生活便捷和生活质量的提升功不可没，同时对生产方式和生产的组织边界也产生了革命性的变化。申明浩（2015）认为互联网能够使企业的有效边界发生变化，有时边界扩大，有时边界缩小。现实世界中，我们也观测到越来越多的企业出现了巨型化和小型化两种趋势，企业的虚拟化和联盟化现象也越来越普遍。互联网的出现和应用带来新经济的快速发展，互联网强烈的网络效应使相关企业及其产品获得某种程度的网络外部性，进而改变了企业的营销方式和目标用户的定位，甚至改造了企业的业务流程，包括采购、生产、物流和零售等等，使企业的现有边界发生动态调整，2003年以来电子商务的蓬勃发展印证了这一改变。杨惠馨等（2009）发现网络效应使得企业合作空间扩展，进而扩大了企业的横向边界。在网络分享因素的作用下，企业的纵向边界也在调整变化[①]。

网络环境下产品搜寻和价格比较的成本大大降低，降低了市场中的信息不对称程度，价格和产品信息变得更加透明，提升了消费者福利，对传统产业的厂商营销和定价策略提出了新的要求和挑战。在网民消费观念转变等因素的影响下，传统产业的厂商也越来越重视网络营销，很多传统产业的商家也开拓互联网营销渠道，扩大自己的用户群，寻求新的增长点。现在的传统商家对网络渠道的应用不断深入，传统渠道和网络渠道正在加速融合。

互联网的发展也使得移动终端发生了根本性变革，移动互联网极大程度上改变了现代人的工作和生活。手机终端各种互联网应用迅速扩张。2012年，中国手机互联网用户仍然以近20%的速度增长，超过七成的手机用户使用互联网应用。2012年网民使用手机进行网络购物的用户量是2011年的2.36倍；手机团购、手机在线支付、手机网上银行三类用户在手机网民中的比例均以超过了80%的速度爆发式增长。

---

① 杨惠馨，吴炜峰. 用户基础、网络分享和企业边界决定［J］. 中国工业经济，2009（8）.

第二十五章
捆绑和快速模仿需要规制吗

互联网产业的捆绑和快速模仿是否令效率较低的企业占据了主导地位，造成社会福利损失，是否需要政府进行反垄断规制？一直是业界、民众、学术界和法律界关注的焦点话题。

一、捆绑是把"双刃剑"：兼容性与竞争性的权衡

在互联网产业对捆绑行为进行规制，需要对生产效率问题给予特别的重视。因为在同一产业内，即使两个产品从需求的角度而言属于不相关产品，然而，它们在生产上可能有相关性，因为同一产业内的不同产品的生产之间有相似性，一种产品的生产经验和技术或许能在一定程度上应用到其他产品上，从而产生"范围经济"；而且，在互联网产业，不同产品之间存在兼容问题（例如，即时通信与 SNS 之间就存在互联互通的问题），而替代品之间的兼容问题更一直是网络经济学的研究重点，而捆绑常常意味着更好的兼容性，当年微软的反垄断案，最终法院裁定不拆分微软产品的重要原因即在于如果非要让微软分别销售 Windows 系统和 Office 软件，意味着消费者将花费更高的成本和享受更少的便捷。因此，捆绑尽管可能不利于竞争，但可能有利于降低成本、提高产品质量和消费者福利。可能有比拆分产品或厂商更好的解决办法，或者说市场自发得出的道路也许优于政府规制，之后的产业实践也逐渐印证了这一观点，微软的操作系统现在具有更好的开放性和兼容性，很多同类型软件厂商基于其平台开发出自己的产品参与市场竞争，有些已经取得不错的业绩（如 WPS）。

二、快速模仿与协调退出问题

中国互联网产业的一个现实问题是,"快速模仿"降低了厂商创新的垄断利润,具有支配地位的厂商采用此策略成功挤出了一些有创意的小厂商的市场份额,被很多评论者所诟病,甚至希望政府规制此行为。另一个角度看,"捆绑模式""免费模式"和"单边收费模式"虽然有利于扩大网络规模,但当多个厂商都采取这些模式时,其结果便类似于价格战,因此厂商难以实现盈利,而必须依靠风险资本的长期支持,其生存与发展缺乏可持续性。但是,厂商的盈利状况不能构成政府干预的理由,因为亏损的厂商会自行退出市场,从而增加其他厂商的利润,然而,网络效应可能破坏这一机制。在网络效应下,市场很可能最终出现"赢者得多数"的格局,最后的胜利者获得垄断利润,而退出者将损失前期成本,因此,厂商都希望对手退出而自己成为最后的胜利者,于是可能造成厂商之间持久的消耗战,这不但令厂商长期亏损,而且多个网络的存在也降低了消费者的网络收益,这类似于厂商在标准选择问题上的消耗战(Lemley,2002;Simcoe,2003;Farrell & Simcoe,2007)。因此,在网络效应下,厂商之间也存在协调问题(在进入与退出的问题上进行协调),有可能出现协调失败。此时,政府能否通过进入规制(或其他形式的规制)解决协调问题就很值得讨论。

基于我们前文的逻辑,互联网产业组织问题的复杂性,需要我们运用多种学派的共同智慧来解决,新奥地利学派作为微软案中的主要依据,可以启示我们从企业家精神和创业角度来考量政府规制的视角,这与芝加哥学派和可竞争市场学派的"消除沉没成本"的观点不谋而合。如果一个市场中不存在沉没成本,进入退出完全自由,则在"消耗战"中不会有厂商觉得退出的损失会大到无法承受。网络效应下厂商协调博弈可以有均衡解,那么也就不需要政府规制了。政府所需要做的是营造良好的法治化国际化的营商环境,强化区域在人才、技术、资金等方面的聚集能力,培育像美国硅谷一样的企业家精神激发的创业和创新氛围。

第二十六章
互联网企业的估值

早在20世纪50年代就有人提出了"商业模式"的概念，关于商业模式创新的实践也随着时代的更迭不断改变着模样。50年代的麦当劳、60年代的沃尔玛、70年代的联邦快递、80年代的戴尔直销，都打上了商业模式创新的标记。90年代随着互联网技术的发展和Internet的普及商用，伊贝、亚马逊为商业模式创新的研究打开了另外一个视角，现如今互联网这股旋风还在越刮越烈，商业模式创新的风潮不仅出现在互联网行业，传统企业也正享受着由此带来的机遇或正遭受着挑战。

互联网企业出现了一次次惊人的估值，以2014年为例，脸书花了190亿美元并购了一家只有50个人的小公司——WhatsApp；同样是做手机的，小米年销售额740亿元，估值却超过销售额是其1/2的HTC的10倍；腾讯的收入不足中国移动的1/7，但市值却达到中国移动的2/3，这种市值与收入差异的严重偏离现象让人们注意到互联网企业与传统企业的差异还体现在估值方法的不同，而估值方法的差异则更多地体现出其商业模式的差异和市场认知度的差异。

一、互联网平台高估值背后的逻辑

滴滴打车在2012年6月最开始创业时资金只有80万元，当年年末融到A轮300万美元，2014年12月获得了当时互联网最大的一笔单笔融资——7

亿美金的战略投资。2015年2月滴滴与快的合并，9月完成30亿美元的融资，创全球未上市公司融资的最高纪录，近期的估值达到惊人的200亿美元。

小米成立于2010年4月，2010年累计融资4100万美元，公司估值2.5亿美元；2011年12月，小米获9000万美元融资，估值10亿美元；2012年6月底，小米宣布融资2.16亿美元，估值40亿美元；2013年8月，小米新一轮融资估值100亿美元；最近小米的估值达到450亿美元，紧跟互联网BAT三巨头，超过了京东，比同为做手机的HTC超出10倍。

作为还没有IPO的公司，无论是200亿美元还是450亿美元，都是一个极其惊人的估值。

那么问题来了，这么高估值的背后是不是一个巨大的泡沫，换句话说，这个估值背后的逻辑是什么？这类企业有如此高的估值，原因在于它有三重溢价。

第一重溢价是用户体验重构的溢价。也就是说滴滴出行改变了传统的出行体验，让消费者从以前路边拦车等车的糟糕体验转变为手机操作选择车型让车等消费者的极致体验。进入滴滴出行App界面，你首先可以对车型进行选择，也就是说可以选高级轿车、商务车、普通轿车或者拼车、顺风车，然后这个界面会自动出现你所处的位置，同时这个界面会告诉你最近的一辆车到你所处的位置大概要多久。所以从用户的角度来说，在这个界面上只需要做一个很简单的动作，就是选择车型，同时点"设置位置"，就很轻松地完成了整个体验的关键的第一步。第二步，当你进入第二个界面后，你只需要点"预约叫车"或"现在叫车"，你打车的动作就全完成了。按照设计美学和哲学看，从体验的角度来说，用户应当付出最小的代价来达到最大的效果，这是体验最关键的一个设计点。而人类和科学演进的方向一直朝着如何能用最少的力气、最少的动作，做到最多的事情的轨迹，也就是"少即是多"原理的来源。

第二重溢价是对价值，尤其是碎片化的价值释放。滴滴出行在价值重构上重新释放了司机碎片化的时间，以及车本身闲置时间的价值，而且是一种节约型经济，用共享的方式节约了车辆购置和闲置的成本。很多专职司机一早一晚接送完老板后，司机和车的大半天的时间就完全闲置了，滴滴就是重整了这样大量的资产的剩余闲置和碎片化时间，让原本闲置的资源发挥出最大的超额价值。

第三重溢价是重构了连接方式，包括和品牌的联结以及和个人的连接。比如滴滴已经推出的积分商城，把B2C的电子商务模式导入，连接了品牌厂商和个人，滴滴还可以充分挖掘出行前、中、后服务市场，连接出行相关品牌厂商在平台上提供服务。而且，除了人的出行服务，滴滴还可以将业务扩展到物的出行，实现P2P的包裹传递，让包裹从一个地点传递到另外一个地点。所以滴滴的业务将不会仅仅局限在一个打车平台，而是通过这个平台把所有相关的连接方都融合进来，让品牌和个人服务都实现充分的连接。

小米同样存在这三重估值溢价，其溢价的实现来自"社群电商＋生态链投资＋互联网平台战略"多层次战略的组合。

基于用户体验重构维度出发的"社群电商"是小米通过创建米粉社群，形成高势能粉丝经济引爆需求点，这里有两个基点，一个是"屌丝"成为粉丝；一个是意见领袖成为传播节点。这是整个小米战略布局的制高点，也是一种类似于C2B社群电商的全新商业模型，为后面全面铺开的多渠道销售打下基础。

基于碎片化价值重构维度的"生态链投资"是小米进行的投资性产品线布局，小米在做成硬件推出市场之前布局了五条产品线：第一条是宣传线（雷锋网）；第二条是电商线（凡客诚品、乐淘、尚品网）；第三条是入口线（移动互联网入口UCweb和猎豹、线下支付入口拉卡拉、语音入口YY/瓦力语聊/iSpeak、多看）；第四条是社区线（旅人网、好大夫、多玩、乐讯、太美）；第五条是软件线（金山、可牛、喜讯无线）。最后，做了硬件公司：小米手机（本来想投魅族的）。通过五条产品线的组织整合，小米建立起来手机市场比较完整的产业生态价值链，这是小米与众不同之处。

基于连接方式重构维度的"互联网平台战略"是指小米软件平台和生态平台的构建，这点让小米为自己建立了护城河，包括米聊应用在内的小米软件创新，包括游戏生态对合作伙伴的利润贡献，这些互联网方面的基因是小米区别于华为、三星等公司的核心竞争力。

二、对互联网企业市场估值的认知：与传统企业的不同

传统企业与互联网企业估值相差甚远，传统项目或公司的估值基于现金流基础：使用财务报表表中的 EBITDA（税息折旧及摊销前利润）数据乘以 8，再乘以特定行业的贝塔系数即可快速得出谈判基础，剩下的就是具体的微调了。这样的估值方法来源于以下的逻辑：一是传统行业市场充分竞争，很难获得超额利润；二是传统行业市场呈现稳定的线性增长，需要持续投入得以维持利润。

对于互联网企业的估值则不同，由于互联网企业发展周期短、企业更迭快、营利性变化较大，市场往往更在乎企业的未来增长空间而非现在的盈利，对企业更加期待爆发式的增长。因此，如果仅以传统的估值方式去评价互联网企业，可能会进入误区。

对于早期互联网公司的估值，很多 VC 从业者更多的是依靠经验与直觉的投资艺术而不是精确计算，或参考 DEVA 估值法（最早由摩根士丹利的分析师米克尔提出），1995 年网景公司上市后，米克尔等出版《互联网报告》文中提出 DEVA 估值理论，适用于那些处于创意、创新、创业的早期阶段的公司或项目，很快成为风险投资领域估值的参考标准。DEVA 依据的是网络时代每 18 个月芯片速度会增长一倍的摩尔定律，但在投资领域，18 个月带来的不仅仅是价格下降一半，而且还是项目市值的指数增长，即 $E = MC^2$（其中 E 为项目的经济价值，M 为单体投入的初始资本，C^2 为客户价值增长的平方值）。

用 DEVA 估值法如何解释滴滴的天价估值呢？理解 DEVA 的 C 的平方即可。假定滴滴出行的客户市场价值为每人 10 美分，1 亿客户就是 1000 万元。估值时，使用 1000 万元的平方（1000^2 万元）即可，为 100 亿元。滴滴出行现在覆盖用户超过 2.5 亿人，那么最小市值也达到了 250 亿美元

（注：计算最小价值是将滴滴的 2.5 亿用户分成了 2.5 份，而最大市值计算出来应该是 625 亿美元）。

但是对于较成熟的互联网企业估值，仅仅拥有用户数还不能说明一切，还要结合商业模式和业务发展阶段来看。比如，腾讯和中国移动用户数量基本持平，中国移动的收入是腾讯的 7.4 倍，净利润是腾讯的 4.6 倍（2014 年中国移动的收入为 5818 亿元人民币，净利润为 1093 亿元；腾讯收入 789 亿元，净利润 238 亿元）。腾讯与中国移动收入和净利润的巨大差异，在市值上的表现并不明显。中国移动的市值仅仅为腾讯的 1.5 倍。也就是说市场更看好腾讯的价值，腾讯的市盈率为中移动的 3 倍。而 2014 年胡润品牌榜上，腾讯更是以 2080 亿元的品牌价值超过中国移动的 2030 亿元。

从财务报表中可以看出，中国移动的主要收入来源于通话费和数据流量费这两部分。而这两部分业务的高额收益其实相当程度上得益于我国没有对外开放电信产业的大背景，带有行政垄断的色彩。在这种收益结构下，中国移动的扩展空间有限。而腾讯则不同，除了直接收费的游戏、SP 服务、虚拟商品等服务外，其广告、流量、电商等多种贡献营收的模式是中国移动所不具备的。而且，腾讯也更显示出网络业的梅特卡夫定律，随着用户的增长，每个用户的价值也在增加，其 ARPU 值在持续不断地指数型上升，而中国移动 ARPU 值在持续下降。

三、什么决定了互联网企业的市场估值

互联网产业发展周期短，企业更迭快，可比标的少；多数企业营利性弱，且变化幅度大；重资产少，人力资本和用户多，公司财务报表反映不出现实情况。所以，用传统的 DCF、P/E 等估值方法都难以衡量互联网企业的市场价值，甚至可能会与实际情况差之毫厘、谬以千里。

那么，互联网企业估值到底看什么？我们认为，互联网企业估值首先应该对其所属产业和商业模式有清晰的认知，如小米对 HTC 的巨大估值差异来源于硬件企业和互联网企业的差异，腾讯游戏和盛大网游的体量差异来源

于是否采取平台经营模式的不同；其次，需要明确企业所处的发展阶段和货币化模式，如腾讯与中国移动的估值差异来自于其货币化模式的差异；再次是用户价值等定量指标，包括反映当前（或者过去）时点的用户数、流量和单用户收入（ARPU）；最后是关于到达用户的距离和行业地位方面相关指标的变化趋势，以及可参考的企业估值范围。

根据梅特卡夫网络价值定律和申—傅"水晶体系"模型，我们可以得出，互联网企业估值取决于平台效应（入口价值、用户基数）、用户价值（用户数、产品黏性、ARPU 值）、零距离效应（节点距离、用户体验）、货币化能力和垄断溢价这五个维度的变化。

1. 平台效应（看入口价值和用户基础）

互联网时代，很多企业利用平台战略获得了持久稳定的业务来源，而没有打造平台的公司能获得短期的成功，却往往由于用户规模不具有持久性而衰落。2007 年以前，游戏行业的领头羊还是盛大、网易、九城等公司。但到了 2013 年，腾讯在游戏领域已经是江湖老大，360 也后来居上，而昔日几家公司的业务则大多处于停滞和衰落状态。主要是因为腾讯和 360 具有平台效应，拥有平台效应的企业可以发挥强大的网络效应并拥有足够大的稳定的用户规模。只要用户在，就可以源源不断地推送新产品。而单纯的游戏研发和代理公司，稳定性就会差很多，一款产品不成功，用户就会流失到其他公司。

在互联网时代，是否做平台实际上是一个企业必须要面对的问题。互联网产品和应用如何被消费者感知和触达，是决定其生命周期的关键。尤其是近年来移动互联网接入终端与用户的高速增长，以及互联网接入时间的直线上升，网民的在线时间从以前的每天 2 小时上升到每天 16 个小时（除去吃饭睡觉基本都在线），所以掌握互联网消费者端的入口至关重要。平台价值不仅包含庞大的用户基础，还隐含了在互联网整体发展中占据重要的战略地位的入口价值。

如今移动互联网的发展，互联网入口出现多元化和去中心化的趋势，不仅有传统的 PC 端，还有崛起的移动手机端（包括各种 APP），还包括琳琅满目的智能终端、智能家居、智能电视、智能穿戴、汽车电子等。

鉴于互联网入口的战略意义，互联网巨头都非常重视，不惜斥巨资进行并购。2014 年、2015 年成为互联网入口的并购井喷年，TABLE[①] 均有不少动作。

互联网入口的价值组成与其本身的用户流量和其在入口群中的地位相关。具体包括入口流量、入口品质、入口黏性和集聚系数，可以通过下列指标量化评估（见表 26-1）。

表 26-1　　互联网入口价值四维评价模型分维度举例详解

	影响因素	定义
入口流量	1. 现有用户规模	该入口的活跃用户数量
	2. 潜在用户规模	该入口未来可发展的用户数量
	3. 用户使用频率	用户日（月）均使用该入口次数
	4. 滞留时间	用户日（月）均使用该入口时间
入口品质	1. 广告属性	作为流量必经之地，入口对于其用户的广告营销能力
	2. 跨界属性	通过单一入口，接入多类功能的属性
	3. 付费属性	能够付诸的收费力度，特别是高盈利现金流的入口
	4. 协同属性	入口与巨头的契合性与互补性
入口黏性	1. 刚需程度	用户使用入口的刚需程度，高系数：功能型；低系数：兴趣型
	2. 长期依赖性	入口能够改变用户习惯并使其产生长期依赖性
	3. 可替代性	入口内部的竞争格局以及同质化程度
集聚系数	1. 平台效应	入口内部格局有一家独大的趋势
	2. 规模效应	从供应商角度，生产成本随着规模扩大更具优势
	3. 入口进入壁垒	入口准入门槛较高（政策类或品牌感知类原因）

资料来源：国泰君安证券研究报告，2015 年。

---

① TABLE 为中国互联网第一阵营缩写：腾讯、阿里、百度、雷军系、周鸿祎系。

入口流量相对而言是一个非常量化、明确的指标，主要由用户规模、访问频率与滞留时间决定。如微信现在有活跃账户数 7.61 亿（截至 2016 年 3 月底），每个季度都会增加至少 5000 万，而且丝毫没有减缓的迹象；而目前国内智能手机终端达 11.3 亿部（截至 2015 年底），而高德地图移动端用户数刚超过 5 亿人，意味着潜在用户规模还很大。微信、微博等客户端极好地利用了用户的碎片时间，因而用户使用频率很高；车载系统的用户规模不大，但其滞留时间却很长。

入口品质：入口品质是对于入口本身定性的一个评定，包含了该入口为用户提供的便利性以及为供应方提供的营利性，等等。如导航网站、门户网站、搜索引擎等具有较好的广告投放效果；微信则具有社交、即时通信和支付、订阅和购物的多种跨界属性；游戏平台和视频网站则具有较好的付费属性；滴滴打车作为腾讯的战略布局应用具有很好的协同功能，能够帮助微信推广其支付功能。

黏性系数：入口对于已有用户的保有能力，即从时间的维度看，入口是否会流失活跃用户，入口的使用频率是否会逐日降低。如美图、脸萌这类的应用对爱美人士有较大的刚需，微信等社交通信类也是刚需，刚需的黏性系数都大；地图、微信、操作系统类的应用则让用户有长期依赖性；购物和团购类的可替代性明显，且需求方网络效应很强，所以从千团大战到后来大众点评和美团的合并是符合该类应用的替代性规律的，网络效应强的行业一旦确立的垄断地位，其黏性系数通常都很大。

集聚系数：入口对于新用户的吸引能力，即从时间的维度看，入口是否有能力吸引更多的活跃用户，入口是否存在集聚效应。通常占龙头地位的电商和社交属性的即时通信类具有极强的平台效应，能够集聚更多的用户；像滴滴出行这类工具则拥有供应方的规模经济效应，其集聚系数也是较大的，这种规模经济效应最终会形成两至四个寡头垄断的格局；而像第三方支付这种公共服务类的应用则因为有牌照等政策性管制壁垒，集聚系数也很高。

2. 用户价值（看用户数、产品黏性和 ARPU 值）

互联网公司初期没有利润，只能看未来利润的源头，即用户流量

(UV)，特别是活跃用户数（active uers）的变化。奇虎360、滴滴出行、蚂蚁金服为什么估值高，高就高在它们的用户数量太庞大了。用户数量才是互联网公司的真实资产，互联网公司的用户流相当于传统行业的现金流；传统行业看净利润的增长率，互联网公司看用户数量的增长率；传统行业看PE（市盈率）、PB（平均市净率），互联网公司看市值和用户流量之比（P/U）。所以用户价值是衡量互联网公司市值的重要参考，而测量用户价值又要看用户数、产品黏性和ARPU值的大小。

（1）看用户数

梅特卡夫定律揭示了网络的价值与联网的设备数量的平方成正比，认为互联网的价值在于将节点连接起来。而节点越多，潜在存在的连接数越多。如果节点数为N，其中存在的连接数数可能是N×（N−1），即N^2这一数量级，即网络的价值与节点的平方成正比。

根据用户规模对互联网价值在作用形式上的差别，网络外部性具体细分为两种：一是直接网络外部性；二是间接网络外部性。所谓直接网络外部性是指消费者使用某种产品或服务会直接作用到消费该种产品或服务的其他用户，以即时通信工具腾讯QQ为例，随着QQ用户增多，对每一名用户而言都意味着潜在可交流对象增加，为了享受即时通信带来的便利吸引越来越多的用户加入QQ，用户规模像雪球一样越滚越大，对每一名使用QQ的用户而言都获得了价值增量；间接网络外部性通常存在于单向网络内，指消费者使用某种产品或服务不会直接作用到其他用户，但它可以通过作用服务或产品提供商改善服务或产品的质量间接使其他消费者获益，例如视频网站乐视TV，一个额外用户加入不会对其他用户产生影响，但用户能通过作用视频网站运营商改善服务间接影响其他用户，如优化界面、增加节目多样性等。

由于需求方的网络效应使得用户数对互联网公司市值的影响巨大，所以各大风投机构对互联网创业公司的重要评估依据就是用户流量。但用户量不能完全说明问题，还要看用户是否忠诚，即互联网产品的黏性。

（2）看产品黏性

产品黏性是留住用户的重要因素，根据互联网类型的不同可以区分为社交的黏性、用户习惯的黏性和产品体验的黏性。

社交的黏性最典型的就是微信。在功能上，易信、来往和微信都能满足需求，但我们不会离开微信去用易信，因为朋友圈都在这里，社交关系链在这里。类似的社交黏性公司还有：新浪微博、YY、豆瓣、知乎等各种社区化产品。

而网络游戏开发中，通过社交机制加强用户黏性也是最重要的环节，因为玩家长期留在游戏里并付费，更多的是因为他在游戏里遇到的人，以及与这些人之间的爱恨情仇。2010 年《魔兽世界：巫妖王之怒》运营时，开发商暴雪曾使用文本挖掘技术，发现玩家在论坛上的抱怨主要集中在角色职业平衡、组队难等问题上。时任暴雪首席游戏设计师的 Greg Street 据此对游戏做了大刀阔斧的改动，在同年 12 月上线的《浩劫与重生》中，用"随机组队"功能解决组队难问题，并让游戏中角色的职业更加平衡。没想到"随机组队"竟破坏了游戏的社交属性，玩家之间的交流大幅减少。过去玩家在练级路上会认识很多朋友，他们玩的其实是游戏中的友谊，改版之后这些体验都没有了。"职业平衡"不但没能完全解决问题，还造成许多职业特色消失，职业同质化严重，圣骑士和盗贼看起来大同小异，严重破坏了玩家的"角色扮演"体验。最后的事实证明，这次改版非常失败，因为忽略了游戏的社交黏性。

没有社交关系的公司怎么办？产品体验和用户习惯也可以建立黏性。比如搜索用百度，一是长久养成的习惯，二是搜索结果还算满意。购物上淘宝，是因为它东西多，价格便宜，还有支付宝保障，相比伊贝的洋风格而言淘宝更符合中国消费者的习惯，因而体验也是最好的。

由习惯带来的黏性，虽然在同质竞争里问题不大，但容易被新的模式和差异化竞争取代。例如，多年前的新闻门户，新浪和搜狐都有一批忠实用户，后来 QQ 开始弹窗……再后来，出现了微博、微信、自媒体等替代工具。

（3）看 ARPU 值（单用户价值）

ARPU 值，即每个用户可以贡献的收入，一直是衡量互联网企业市场价值的重要指标。通常情况下，电商的单用户价值最高，国内外知名的电商企业，平均每用户价值为 486 美元（按市值计算）。但同样是电商企业，ARPU 值的差异可以非常大，京东的单用户价值可以达到当当的近 4 倍之多。每个用户的价值和其网络的用户数成正相关关系，用户数越多，网络价值越大。

社交产品的单用户价值差异很大，强者如腾讯、微信可以达到很高的价值，而被其挤占市场的新浪微博单用户价值就差很多。不同市场的赢家，如脸书、LINE 等也都表现出较强的价值。

3. 零距离效应（看节点距离和用户体验）

万有引力定律告诉我们，两个质点之间的引力不仅与彼此的重量成正比，还和距离成反比。网络的价值不仅和节点数有关，也和节点之间的"距离"有关（曾李青，2014）。

和经过数据验证的梅特卡夫定律相比，曾李青的版本还很难成为"定律"，因为很难定义什么是网络之间节点的距离。不过从定性的逻辑来看，同样的信息，如果需要更长的时间才能传达，可以认为节点之间的距离"长"。如果相同的时间网络能传达更多或质量更高的信息，就可以认为节点之间的距离"短"。

网络节点之间的距离取决于外因和内因。外因主要包括科技进步和基础设施建设方面，如宽带网络的普及、4G 大面积推广、智能手机等移动终端的广泛应用，提升了用户易用性等因素，可以全面提升整个网络的价值。

内因主要包括网络的内容（数量和质量）、网络的联通度，这实际上取决于网络自身的商业模式和运营情况。网络中信息质量越高、数量越多、高连通度节点越多，则网络节点的"距离"就越低，网络的价值就越大。

如果一个网络本身只是一个中心联系众多用户，这种网络的价值实际上并不高。而类似像腾讯、脸书这种节点和节点间有着较多联系的网络价值会高很多。有机会实现梅特卡夫定律所预测的平方级增长。

高连通度节点可以很有效地减小网络的"距离"。很多著名的网络事件都是对这种"小世界"的诠释。拥有众多粉丝的大号就是高连通度的节点，通过他们的微博转发可以实现快速的传播。腾讯的 QQ 和微信的用户群等功能也大幅增加了节点之间的连通度，可以使其在更短时间内传达更为丰富的内容，并且，这种趋势还将随着移动互联网的渗透而继续加强，高连通度的节点为自媒体的出现和繁荣奠定了必要的基础。

当然，用户是互联网行业的上帝，一切要以用户为依归。那么，用户体验的好坏是决定互联网产品与用户距离的重要因素。互联网市场中能吸引用户、留住用户，唯一可靠的就是伟大的互联网能带给用户极致体验的产品。腾讯、淘宝、滴滴的兴起，不是依赖政府保护和推广，而是依赖产品极致的用户体验，方能从无到有、从激烈的竞争中杀出一条血路，并越走越强，成为市场的寡头。同理，央企也创办过人民搜索，产品和用户体验落后，结果巨亏后出局；外资互联网巨头伊贝、MSN 等没能尊重中国消费者的独特体验需求，结果铩羽而归。所以，互联网基因本质上是必须要有用户体验至上的理念，构建集聚高连通度节点的网络，充分发挥出互联网的零距离效应。

4. 货币化能力（看现金流和未来收益）

用户流能否未来转化为现金流，是互联网公司的惊险一跃，如同鲤鱼跃龙门，不成功便成仁。互联网很多基础服务是免费的，关键是看能否通过商业模式创新实现第三方付费或增值服务收费。

过去的商业模式叫羊毛出在羊身上，你在羊身上，当然能找到答案，这叫传统的平面思维。现在的商业模式叫羊毛出在牛身上，猪来买单，这叫空间思维，也叫跨界思维。君不见 QQ 是免费的，微信是免费的，但马化腾曾经登上了中国首富榜；陌陌只是一个免费的聊天社交软件，但是可以在美国上市；嘀嘀打车刚出来的时候，乘客坐车不仅不用花钱，还能赚钱，转介绍还能赚大钱；还有很多免费吃饭、免费装修、免费买房子、买车返本金的案例。

但是，如果仅仅依靠免费和补贴来吸引客户，而不能开发出有效的货币化机制，将是非常危险的。其实，免费才是最贵的，有了用户流才有现金流，有了现金流才能进入良性循环和高阶进化。而能让用户心甘情愿付费是不容易的，一定是真正为顾客创造了切实的价值才能够长久，市场启动时可以利用免费或补贴来教育和培育市场，当补贴取消后能够留住用户的法宝一靠价值；二靠黏性。有人说，互联网最赚钱的业务就是3G：Game、Gamble、Girl，这符合人性的本能，是有一定道理的。因此，把用户转到这些能赚钱且有黏性的业务是不错的出路，腾讯的Game、500彩票的Gamble、YY的Girl，其商业逻辑即在于此。当然不能一概而论，互联网商业模式的逻辑要更进一层，腾讯帝国的崛起，其实是通过免费的QQ、微信吸引到海量用户，再通过网游、增值服务、渠道分成、广告把用户流源源不断的转化为现金流。阿里帝国的崛起，是通过双边市场的电商平台吸引了海量的卖家和买家，形成巨大的零售交易量和资金池，催大了支付宝等蚂蚁金服的衍生业务，形成产业生态的打法和布局，实现多点盈利的格局。反面的例子就是新浪，新浪微博也拥有海量用户数，但始终没有办法把用户流量货币化，未来收入前景堪忧。

5. 垄断溢价（看行业龙头地位）

互联网是开放的，但并不平等。因为网络效应和正反馈的作用，互联网的一个重要特征就是赢者得多数，即存在马太效应，从而使市场领先者有溢价。梅特卡夫定律告诉我们网络的价值与用户数的平方成正比，这意味着用户数相差不多会导致网络价值相差很多。所以，落后者未来获得新用户、新资源的机会都要比领先者要小，更加剧了互联网的马太效应。同时，人的注意力是有限的，心智认知也是有限的，往往只会记得和使用前一、二位的品牌。因此，投资者极为重视互联网企业的行业地位，通常会愿意付出高溢价来购买行业龙头的股权。由于互联网市场会形成单寡头垄断结构的特征，这种行业龙头获得垄断地位的可能也很大，那么其溢价将更大。所以我们不断看到投资方推动互联网细分市场的龙头老大和老二合并，因为谁都不想看着自己的投资打水漂，最好的结果是大家的投资能集中于一家行业龙头垄断者。

综上，我们可用公式简洁表述互联网企业的估值方程：$V = K \times P \times N^2 / R^2$

其中，V是互联网企业估值，K是货币化系数，P是溢价系数，N是网络的用户数，R代表节点距离。

简单的数量关系如下：

K增加，V增加——即货币化能力增加，估值增加；

P增加，V增加——即市场占有率增加，估值增加；

N增加，V增加——即用户数增加，估值指数化倍增；

R减小，V增加——即节点距离减小，估值指数化倍增。

当然，这只是一个简单的定性判断，更详尽的估值要根据以上的平台效应（入口价值、用户基数）、用户价值（用户数、产品黏性、ARPU值）、零距离效应（节点距离、用户体验）、货币化能力和垄断溢价等五个维度的细分指标进行量化研究得出。

未来世界：零距离社会与人工智能时代

第六部分

传统时代的企业战略导向是"规模经济"和"范围经济"，互联网时代的战略变成了平台经济，过去"有距离""有边界"，导致的是企业和员工、用户、合作方的关系是博弈关系；现在"零距离""网络化"要求企业和三者的关系要变成合作共赢的生态圈。零距离时代的商业和组织职能都发生了巨变。零距离时代新技术和新商业模式层出不穷，网络空间指数式增长。零距离时代物联网、大数据、云计算和人工智能等新型科技产业正在重塑人类世界，技术进化史将进入新的飞跃期。

第二十七章
零距离社会与商业世界

传统时代的企业战略导向是"规模经济"和"范围经济",前者是企业做得越来越大,后者则是企业相关多元化。但是,到了互联网时代,一切都发生了变化,美国的管理大师彼得·德鲁克曾说,互联网给世界带来最大的影响就是"零距离",零距离使企业发生了最重要的变化就是网络化,而网络化意味着企业的边界弱化或消失了。"有距离""有边界",导致的是企业和员工、用户、合作方的关系是博弈关系;而"零距离""网络化"要求企业和三者的关系要变成合作共赢的生态圈。这样,规模经济和范围经济变成了平台经济,信息不对称变成信息对称,原来信息的主动权掌握在企业手里,现在到了用户手里,交互变得很重要。

一、距离为零的社会

互联网消除了距离,这是一个伟大的变化。互联网对很多传统行业的颠覆性影响来源于此。以前的零售企业都受到距离的保护,是本地化属性非常明显的行业,一个零售商服务周边几公里的社区,有非常稳定的消费群体,所以连锁业态是其实现快速成长的商业模式,这种商业模式产生了沃尔玛、家乐福等一系列零售业巨头。现在互联网的普及和应用,情况发生了巨大的改变,网上商店无所谓选址问题,互联网是一个统一的大市场,与消费者之间的距离直接降为零,消费者只要点击要购买的商品即可完成交易,所以短短十几年就出现了阿里巴巴这样能超越沃尔玛的巨型电商企业。

"零距离"打破了很多行业的原有结构,最典型的是电商模式的冲击,让一些传统的行业,比如批发市场这种业态,几乎难以为继。各大城市在招商时也不得不考虑这种新业态,因为事实就在眼前,杭州由于阿里巴巴等电商平台的集聚,已经在动摇广州传统的国际商贸中心的地位。

不仅在电商行业,零距离效应也在影响和冲击传统的制造领域,互联网带来的零距离使得企业生产的网络化,电子化的供应链系统让很多过去的复杂电子产品生产变得很容易,终端产品的大规模协作生产成为可能,这样传统企业的核心竞争力发生位移,"小米"的互联网式整合能力就是新型的企业核心竞争力,其成功"破冰"智能手机产业价值链,掀起一轮智能手机品牌热,锤子、乐视等新型消费电子产品横空出世,改变了原来外资品牌垄断高端智能移动终端市场的格局。

互联网的"零距离"不仅让企业无边界,而且行业的边界也开始模糊化,即所谓的跨界打击层出不穷。"把手机只当手机制造的,就是诺基亚的命运;把消费电子只当成消费电子做的,命运就是刚刚破产的夏普"。所有的东西都在变,包括消费者需求,现在的消费者需求是多元的,多元需求靠单一产品功能是无法满足的。所以制造服务化、硬件软体化、产品智能化、网络社群化将是未来企业不得不深入思考并精细化运营的方向,苹果、乐视、小米、腾讯等企业都是掌握了"零距离"时代的精髓加以应用,做出让消费者多元化需求得以最大满足的产品,终于赢得市场的典范。

当然,传统行业绝不应该束手就擒,坐以待毙,而应该运用逆向思维来看,小小的社区店也可以利用互联网的"零距离",通过"互联网+"的改造,把自己有限的货架拓展至网络空间的无限虚拟货架,结合极速供应链系统,实现非线性的商品供应能力增长。这样也可以改变现有的商品存量问题,又提高了闲置资源的利用效率,也是一种供给侧结构的改善。

二、未来的商业世界

互联网的"零距离",得益于过去 10 年 3G 和 4G 网络的运营和普及,移动互联网的兴起，使得智能手机终端颠覆了 PC 终端，改变了人们的联网形态，移动智能终端横扫全球的时代已经到来，"零距离"时代的开启，重塑了过去的产业形态和商业世界，而且这一变化才刚刚开始。随着物联网、大数据和云计算技术的成熟和应用，未来的商业世界将会出现更多的颠覆、更多的变革和更多的便利。

迄今为止，大多数人使用智能终端的主形态，还是以本地应用，少量数据交换。未来的移动互联网会呈现"云—网—端"全面竞争，客户主要的所见所用，将不再是以终端数据为主的内容；而是由云平台和云服务提供、再由智能网络传至各终端、并保证终端间无缝切换的"云内容"。因此，在影响客户体验方面，终端因素将越来越让位于后台和网络通道的能力。这就大大降低了苹果等智能终端厂商的优势，而那些先行着手搭建"云—网—端"的企业则将在未来的竞争中获得优势，比如谷歌作为全球最大的搜索引擎服务商，从很早就开始构建自己的网络通道 CDN 系统（内容分发网络，是互联网快速访问和响应的最重要的优化手段），苹果在和运营商的长期合作过程中，一直把网络通道的功能交由移动运营商来支撑。这也导致了在没有大规模使用 CDN 之前，苹果的 App Store 访问和下载速度一直被用户所诟病，这一点国内 iPhone 用户的感知更为明显。近几年中国拥有充足网络通道的华为、中兴开始在智能手机上发力，一跃成为国内外销量领先的品牌，不能不说与其深耕多年的通信市场的基础通道能力有关。

苹果的 iCloud 是目前消费者使用量最大的云计算服务，但其封闭的特征使其难以享有更广泛的大数据信息。而谷歌则拥有包括广告（AdWords）、交流和分享（Drive & Hangouts）、社交网络（Google +）、地图（Google Maps）、流媒体（Google Play）、操作系统（Android & Chrome OS）、桌面和移动应用（Gmail）等，甚至谷歌"热气球 + 无线基站"的方式提供廉价方便的互联网接入服务等方面的参与，都在源源不断地为谷歌构筑坚实的大数据和云平台基础。

阿里巴巴在中国最早运用云计算的能力为动漫公司完成 3D 影像的渲染。淘宝的计算机群的计算量是非常大的，每天有将近一亿的人访问淘宝、有几百万的卖家、几亿的商品,高峰的时候占用资源非常大,但是半夜的时候他们把这个云计算资源释放出来,给中国的动漫公司做渲染。两个月时间完成了传统需要两年时间完成的渲染工作,成本还不到原来10%,把动漫行业的创新周期大大缩短了,可以预见,云计算会造福中国很多的中小企业,国产的创意动漫等行业将迎来大爆发。

以前的智能终端集中在手机、Pad和电脑,未来的终端在形态和对象方面都会有极大的丰富和扩展。虚拟现实和物联网等技术的应用将催生出一大批如可穿戴设备、车联网、自组织网络的发展。未来的终端市场是物联网条件下的硬件竞争。早期的探索者如谷歌眼镜,未来与人进行交互的设备和对象都会变成智能终端,不论是汽车、家电、家居,还是路边的广告牌、门口的售货机。

谷歌是物联网应用技术的先行者,其不遗余力地推动开放的安卓系统成为物联网的标准操作系统平台。安卓系统不仅在智能手机厂商占有远高于苹果IOS系统的市场份额,而且已广泛运行在微型卫星、咖啡机、游戏机、电冰箱、机器人收割机等各种各样的设备上。谷歌彻底地践行了"开放、共生、共享"的互联网精神,通过安卓等操作系统和软件获得了广泛盟友和无边界生态圈。

谷歌执行主席埃里克·施密特断言:"互联网一定会消失,物联网将取而代之并成为生活的重要部分。你穿的衣服,接触的东西都会包含无数的IP地址、设备和传感器。当你进入一间房间的时候,房间会出现动态变化,你将可以和里面的所有东西进行互动。"未来的物联网是继互联网之后对信息产业的又一次重大革命,无数厂商将在这场革命中创造出全新的商业模式和无比丰富的智能硬件产品。

国内的厂商如百度地图也在进行车联网、全景地图等方面的"未来布局",以夯实地图最重要的基础数据和采集能力。百度地图近期先后与北汽、一汽、大众、比亚迪等传统汽车制造厂商,就车联网、高精地图等产品达成合作,推动传统汽车产业与互联网行业的进一步结合。全景地图则是构成百度索引真实世界愿景的重要组成部分,在2015年底百度糯米全面上线全景地图功能。不只让用户简单获取店铺文字信息,而是通过增强现实体验感让信息的传递由点及面,同时能够强化商户与地图流量入口的连接。

物联网和大数据的结合,带来了智慧产业的兴起,利用数据驱动决策的人工智能前夜时代已经来临,网约车平台上,无论在用户端还是司机端,所有的关键决策都是通过数据来驱动的。比如,这是 Uber 给司机的一个自动通知,它告诉司机说你的拒绝率过高,即 Uber 过去给你推送的当中,你的拒绝率达到了 50%,所以我们要把你的服务取消 24 个小时,如果你继续保持这么高的拒绝率的话,Uber 就会把你从系统里踢出去,种种这些关键的决策都是通过数据来推动的。

而且,滴滴出行还通过价格机制来对出租车交易进行优化组合,在大多数城市打车的高峰时期,滴滴出行可以把价格提高到打车原价的 5 倍,这是运用了互联网竞价拍卖的机制,背后是一个极其复杂的算法,而且是一个动态价格的调节机制。

三、下一代的组织与管理

现在是一个"企业无边界、管理无领导、供应链无尺度"的时代,企业战略和组织战略是企业成长的两大变量,"零距离"时代互联网商业模式冲击了传统的产业组织模式,企业战略做出适应性调整,倒逼企业组织变革和管理重塑。从企业规模来看,企业边界发生变化,可以横向一体化规模很大、也可以垂直外包而规模很小,但统一的网络市场可以保障企业销售额依然很大;从企业间组织关系来看,企业间协作变得更容易、生态圈信任度大大提升,大规模全球化协作生产呈普及之势;从企业内组织结构来看,能够快速响应市场需求的扁平化组织、平台化组织将成为趋势。

当前世界最流行的组织结构是金字塔式结构,塔顶是高高在上的董事长,塔底是兢兢业业干活的一线员工,中间是各层管理者。这种金字塔结构从 100 多年前的电力革命繁衍而来,这种典型的阶层管理垄断了商业时代上百年,在早期有力推动了人类向前发展。但是,随着企业规模的扩大,组织渐趋臃肿，则违背了组织结构上一项基本原则"尽量减少管理层次，尽量形成一条最短的指挥链"。金字塔组织结构越来越多地显现出其弊端和对市场的不适应，例如，金字塔结构中链条式逐级传递信息的特征，不能快速响应市场需求变化；金字塔式组织结构，是信息不对称的根源，也是市场决策失误的重要原因；一个中心化的决策机制很难应对多层次的市场需求；层层管控的组织结构是效率低下和腐败的根源。

互联网时代的兴起，人们之间的距离缩短了、世界变平了，互联网加速了商业社会必需的信息流、资金流、物流的流通，互联网使经营主体有了直接面对用户的能力。面对以消费者为中心的平权化时代的来临，一切以用户需求为依归的用户思维，让金字塔式组织结构面临着重大挑战。

零距离时代的公司结构到底应该是什么样的结构？不妨来看看军事组织近年来的变革，就管理的权威性、有效性而言，社会各类组织有两个极端：一是军队；二是大学。军队的管理是一个垂直系统，有令必行，有禁必止，军令如山，理解要执行，不理解也要执行。而大学的管理则是一个纵横交错的网络，在教师的头脑中，权力观念、等级意识非常淡薄，他们往往既不令，也不从。企业和其他各类组织介于军队和大学之间。

军队以前更像是金字塔结构的垂直体系，随着通讯信息技术的进步，美军的组织方式在发生显著的变化。在第二次世界大战的时候，美军打仗的时候以一个师或一个军，几万人作为一个作战单位。到了越南战争的时候，美军的作战单位已经变成几百人的营了，总参谋部直接把一个命令下到一个营去完成。等到伊拉克战争的时候，美军作战单位已经变成了一个班，而一个班真正的战斗人员不到一半，剩下都是拿着对讲机、拿着手提电脑去完成指令，用通信系统调配后方武器系统做出精确打击。

作战组织发生了如此重大的扁平化和信息化变革，企业要想高效快速地响应市场需求变化，组织结构必须向扁平化过渡，甚至做出倒金字塔结构，海尔集团的"倒三角"实践和作战组织的演化方向完全一致：一线员工发现了用户需求，他原来的领导和职能部门要给他提供支持，如果没有及时提供支持，导致不好的市场效果，这不完全是一线员工的责任，原来的领导也要负很大的责任。

通过"倒三角"的组织变革,海尔打造了两个"零距离"的能力,第一个"零"来自内部,是组织的零距离,所有的组织不是原来的层层下达指令,而是全流程协同到一起,共同面对用户需求,面对同一个目标;第二个"零"来自外部,内部组织协同起来和外部用户之间形成零距离。海尔的这种扁平化其实就是平台战略,不仅是内部平衡,而且要与外部联接起来。

与过去封闭的企业组织不同,平台组织的核心就是开放,平台的商业逻辑是一个生态系统,即本书定义的业务系统与产业生态系统这个双系统的交易组织关系。平台注重连接属性,具有双边或多边市场的特征;平台既有共享也有交互的功能,能够快速配置资源并提供产品和服务给海量的用户;平台还拥有网络效应,能够在到达临界规模后自反馈形成马太效应,出现大者越大、强者越强的局面。同时,开放意味着平台上所有的东西都是共享的,只要在这个平台上,任一组织和个人做的事都可以放到平台上,其他任一组织和个人也可以来研究和享用,大家彼此会有交互效应,有效释放和利用了生态系统内的闲置资源,提高了平台上各利益相关者的研发效率和运营效率。

封闭型企业组织和开放型企业组织的绩效差异是显著的。美国128号公路周围的公司(如王安公司、Digital、Prime Computer等)大而全,自成体系,配件相互不通用,是一种封闭式的生产组织方式。而硅谷公司的生产结构是开放型的,在硅谷,公司不是大而全,而是专业化,不同公司生产的部件相容。这种开放型的企业组织方式有利于快速的创新。

未来公司的发展趋势是平台化、扁平化和网络化。张瑞敏总结得非常到位,企业可以与其他组织建立一个相互进化的生态圈,这个生态圈,具有"三生"的特征,一是共生,所有人都可以分享到生长的利益;二是互生,即大家互相依赖,共同成长;三是重生,可以再去产生一个新的生态圈。当然,也要防止组织扁平化和网络化带来的多头管理或无管理等变异的乱象,避免的方法简单来说就是公开透明、权责明确、资源分配与职责分工相适应。

未来的管理职能也将被重塑，从过去的计划、组织、指挥、协调、控制等旧五大职能进化为互联网时代新五大职能：战略、整合、赋能、协同、激励。

1. 从计划到战略

彼得·德鲁克曾说过，使企业遭受挫折的唯一最主要的原因恐怕就是人们很少充分地思考企业的任务是什么，可见战略对企业的发展至关重要。

很多企业按照计划职能给企业制订相应的计划，有的甚至和政府一样制订"五年计划"。但这些计划需要放在战略的指引下才能有目标。战略最重要的两个要件：一是前瞻性；二是差异化。要达到这两个要件，必须能够研判产业和企业发展方向，充分把握自身特性，进而构建独特的差异化路径和策略。

战略是一种素质、一种能力。这种素质和能力不局限于企业家本人或首席战略官本人，而是一种学习型组织的素质和能力，包括领导者的头脑和远见，中层的协作与管理，以及基层强有效的执行力。这种能力可以使企业在关键时点做出不与趋势相悖的选择，这在互联网的零距离时代尤为重要，产业变革和商业模式创新层出不穷，永远不要与趋势为敌，如果趋势做反了，再努力也没有用，所以各大科技公司越来越倚重科学家、经济学家、管理学家和技术专家等智慧力量，因为战略既是一门科学，也是一门技术，还是一门艺术。因此，战略需要参谋，集思广益，才能做好决策，并推动组织向既定的方向稳步前行。

战略也是一种动态平衡，具有状态依存性。即战略路径选择是"取势"还是"取实"，是落地为安还是构建一个大格局、大生态圈，这个选择依赖于企业不同发展时期和不同的外部环境。阿里巴巴初做淘宝时利用免费策略来培育市场，就是选择了"取势"，因为那时中国网络购物市场刚刚起步，即将迎来爆发期，结果淘宝争取到绝大多数用户，击败了当时的市场先行者伊贝。当市场渐趋成熟，消费者需求开始升级的时候，阿里推出天猫就是

"取实"的做法了。

2. 从组织到整合

传统的组织职能就是对每个组织成员规定在工作中形成的合理的分工协作关系,并设计各种组织结构来对应不同类型的任务,这是一种封闭式的组织关系。而互联网时代,组织需要零距离地接触到用户,零距离地把握用户需求,零距离地做出反馈。这种零距离效应要求组织必须打开内外部边界,才有能力面对所有变化,并整合新的能力。当前,互联网、云计算和大数据等技术的快速变革,大部分企业内部的资源和能力都难以面对挑战。唯有开放式组织,把边界打开,把外部的资源和能力整合进来,并与内部资源能力整合融合,才能有效应对这一挑战。

英特尔公司是整理能力强的企业典型,自 1968 年创立以来,开创了近 50 年的产品创新和市场领导的历史。从摩尔定律,到第一个微处理器;从奔腾到赛扬处理器,再到酷睿、新酷睿 CPU,英特尔一直占据 IT 行业的核心尖端位置。能够持续近 50 年保持强大的创新活力,很大程度上得益于它能够把上下游供应链整合在同一个管理框架下。英特尔对于顾客的问题,可以在两个小时内组合 20 个合作伙伴来解决。这就是一种把合作能力整合到组织内的管理新内涵。

3. 从指挥到赋能

传统的指挥职能是指挥者基于权力自上而下地驾驭员工去完成既定目标,是一种单向的信息传递和任务布置活动,虽然也有激励员工积极性的成分,但过分强调了员工完成任务的一面,缺少了网络化组织对员工支持的另一面。

而互联网时代,强调的是零距离,既有与客户的零距离,也有组织内部的零距离。这时的组织任务不再是单向的传递,而是双向或多向的互动体系,不仅强调员工任务的完成,还强调组织对员工完成任务所需能力的赋予,即赋能。互联网时代不仅强调对内部组织员工赋能,也强调对外部生态圈中利益相关者的赋能。"互联网+",本质上就是一种"寓大于小"的生态战略,其所促动的连接正在"赋能于人",赋能于最微小的个体伙伴。

马化腾指出:"'互联网+'不仅在推动互联网与各行各业的融合,更是在连接每一个微小的个体,企业不再是社会经济活动的最小单位,个人成为其中的最小细胞。未来,如果一个企业不能通过'互联网+'实现与个体用户的'细胞级连接',那就如同一个生命体的神经末端麻木,肢体脱节,必将面临生存挑战。"

(1) 互联网"连接一切"可以赋能

连接是赋能于人的基础,让"创意者经济"得以成长,并让许许多多的创意得以引爆或重生。漫画《狐妖小红娘》的作者庹小新,之前连载其漫画的杂志社倒闭了,他一度面临窘困。然而,该漫画上传至腾讯动漫平台上后,通过网络连接赋能成为一部人气大作,漫画点击超12亿次,动画播放超2亿次。其实,"连接一切"未来也必将极大地促进"万物互联",进而让世界连接成为"物联网"。随着物联网的不断形成,所赋之能将进一步扩大,世界也会因连接赋能而为更多新经济创造更多更便利的条件与可能。

(2) 生态圈战略也是赋能,对生态圈、产业链各个环节上的利益方赋能

阿里的天猫平台通过"生态赋能",不仅赋能平台上的商家以互联网的工具和数据,还赋能给商家海量的合作伙伴和用户。阿里平台提供的大数据,可以让商家更了解消费者,也可以让商家更便捷地通过店铺或者微淘等通道,直接接触最终的消费者。

(3) 生态圈赋能商户带来供应链变革,未来的线上线下将无界

一方面,商户能够通过大数据更精准地了解到用户偏好,从而指导生产,并在营销、物流环节提升效率;另一方面,大数据可以推动物流效率升级。B2C市场中京东通过自建物流体系,实现次日达的配送体系,拥有较好的用户体验,形成较强的竞争优势。阿里则对应推出菜鸟物流,广泛联合生态圈中各利益方(如苏宁、银泰、复兴等),通过与苏宁合作整合其线下门店和仓储中心;借力银泰、复星全国拿地布局物流地产;依托天猫、淘宝交易、物流信息的数据网络(天网),并利用分布全国几大重要区域的巨大仓储中心（地网）；利用信息大数据的优势，布置仓储，调配物流，在多个方面提高物流快递转运的效率。希望通过"天网"+"地网"的无缝连接，赋能整个供应链，做到全网络的异地同城镜像，实现零距离供应网络系统。即使用户点击购买的商品是异地商户的，但智能网络和物流系统可以让用户当地的商户近距离现场配送该商品，让用户购买的商品当日达、半日达，甚至升级为即时达，最终实现"线上线下无界""网络现实统一"的极致体验。

4. 从协调到协同

传统的协调职能是领导者运用恰当的方式方法，及时排除组织中的体制不顺、权责不清、计划不周导致的各种障碍，或者理顺完成任务所需的各方面关系，促进组织机构正常运转和工作平衡发展的一种管理职能。但协调职能只是突出了领导者主动干预的一面，没有体现出组织内各成员反馈的另一面，缺少组织联动的系统性。

自然界和人类社会普遍存在有序、无序的现象，一定的条件下，有序和无序之间会相互转化，无序就是混沌，有序就是协同。没有协同，人类就不能生存，组织就无法运转，生产就不能发展，社会就不能前进。组织是一个高度依赖协同的系统，在这个系统内，若各种子系统（要素）不能很好协同，甚至互相拆台，就必然呈现无序状态，发挥不了整体性功能而终至瓦解。相反，若系统中各子系统（要素）能很好配合、协同，多种力量就能集聚成一个总力量，形成大大超越原各自功能总和的新功能。

高效组织的核心在于协同，协同之奥妙在于协作生产、协调一致、共享共同。这个协同不仅包括组织内人与人之间的协作，也包括不同应用系统之间、不同终端设备之间、不同数据资源之间、不同应用情景之间、人与机器之间、科技与传统之间等全方位的协同。

协同还有共享共同之意，不仅包括组织内各要素的共享，还包括将闲置资源盘活，共享给组织内各子系统或者组织外的成员，提高资源利用率，为许多其他行业或企业提供服务。正如杰里米·里夫金所说，协同共享是一种新的经济模式，数十亿人既是生产者也是消费者，在互联网上共享能源、信息和实物，所有权被使用权代替，"交换价值"被"共享价值"代替，人类进入"共享经济"新纪元。

5. 从控制到激励

很多人把管理当成一种工具，认为管理是用来控制的。通过控制，管理者监督和评估组织的战略和组织的结构，目标是要让工作如预期的那样发展，方法是操纵控制工作者的行为。为了实现控制的目的，管理者制定了明确的执行标准，如数量、定额、指标、规章制度等，使用了种类繁多的控制工具，如报表、简报、原始记录、口头汇报、层层批准的财务制度等。但这种冰冷的控制工具假定人的本性为恶，对工作者自主性处处加以约束，往往限制了创造力的发挥，压制了人与生俱来的善意。

管理的本质，其实应该是激发和释放每一个人的善意。对别人的同情，愿意为别人服务，这是一种善意；愿意扶助受灾受难的人，捐款捐物捐力，是一种善意；愿意帮人家改善生存环境、工作环境，也是一种善意；愿意给世界带来一些美好的改变，更是一种宏大的善意。管理者要做的是激发和释放人本身固有的善意和潜能，创造价值，为他人谋福利。

互联网时代的工作者是知识密集型的群体，这个群体的自主性、自律性和创造性都非常强，传统组织中的命令不适合他们，一味地控制不能激发其高效工作，激励应成为主导的新管理职能。互联网零距离地消除了很多信息不对称，管理者依靠信息的垄断优势来控制企业已不现实，必须从控制向激励转变。

而且，未来组织中的激励职能也必须有新内涵。

第一，激励不仅要注重事成之后的利益分享，也要强调激起知识工作者的兴趣与动力，让其有高涨的热情迎接各种新事物的挑战。因此，组织的职能不再是分派任务和监工，而更多是让员工的专长、兴趣和客户的问题有更好的匹配。

第二，激励必须有文化的依托。文化才能让志同道合的人走到一起。唯有文化趋同，才能让工作者基于内心的志趣，激发持续的创造。知识和创意精英不能用传统的方法去考核，公司的文化氛围本身就是奖励。本质上他们都是自驱动、自组织的，对文化的认同异常关注。为了享受适合自己的文化，创意精英愿意付出、拥护、共创。一个和他们的价值观、使命感吻合的文化才能让他们慕名而来，聚在一起，奋发进取。这也是马云等企业领袖一直强调的重点。

第三，激励不仅聚焦在个人，而且要激励组织与人、人与人之间的互动协同。谷歌那些声名远扬的免费服务，不仅仅是提供员工福利，提高员工的生产力，很大的一个目的是增加他们的互动。如餐厅等待的时间基本控制在4分钟，正好让人可以简单寒暄和交流（大于4分钟就很可能拿出手机干自己的事了）。再如桌球等体育休闲场所，谷歌 AdWords 广告体系的突破就是5个员工在玩桌球的时候，看到拉里·佩奇对广告质量的挑战，一个周末就把 AdWords 广告体系的算法搭建完成，而且这五个人没有一个人是广告部门的。所以，创造是很难规划的，但创造的背后可以设计一套激励协同的机制，如每周员工大会的透明沟通、员工的自主权、打破部门墙、跨部门调动资源的能力等。只有提供员工各自独立时无法得到的资源和环境，有更多自发碰撞的机会，才能激励其协同创造最大的价值。

相比前几次工业革命，中国互联网的起步和进步并没有滞后于全球互联网的发展进程，基本上是同步的。尤其近几年来，中国的移动互联网发展用户基础很好，即使在农村地区也有不错的覆盖，互联网时代中国的基础设施已经具备，可以赋能于各种行业、企业、场景和个人，降低交易成本，提升市场效率。只要制度允许，互联网将会对更多的传统行业以及医疗、教育等公共服务领域赋能，年轻创业者可以借助互联网开放式平台享有多种新能量，零距离的新组织结构让创意思维和才能得以巨大的激励和释放。

以科层制为特征、以管理为核心职能的公司，面临着前所未有的挑战。互联网时代的雇佣关系正在发生根本改变，不再是公司雇用员工，而是员工使用了组织的公共服务。创意和知识工作者需要的不是指挥或控制，而是赋能和激励。计划永远赶不上变化，需要战略规划在先，结构适应在后。创业者仅有组织能力是远远不够的，关键在于其整合生态圈中利益相关者的能力。

其实未来的组织会演变成什么样,我们现在还很难看清楚,因为预测未来的最好方法是参与创造,未来的组成要素就是变化,世界上唯一不变的就是变化本身。但未来组织最重要的功能已经越来越清晰,那就是战略、整合、赋能、协同和激励,而不再是传统的计划、组织、指挥、协调和控制。

第二十八章
人工智能时代：未来正在开启

21世纪刚刚开始，就已经注定将是极不平凡的世纪，短短十几年间，互联网就极大地改变了人类的生产和生活方式。新技术和新商业模式层出不穷，网络空间指数式增长，企业竞争不断颠覆既有模式，商业世界正在重塑。而这仅仅是一个开场，未来世界随着人工智能的崛起，人类与机器的联合，将使人类的生物大脑与拥有更大容量、更快速度、超级计算能力的外脑加以融合。人类的本质意义将得到扩充和挑战，我们的智能将会逐渐非生物化，人类这一种族将首次突破基因法则，人类或许将达到前所未有的智能水平、高度的物质文明，并突破寿命的极限。

即将到来的以人工智能为标志的时代，既是科学革命数百年来的顶点，也是人类终极命运的关键时期，将对未来的商业世界产生天翻地覆的革命性影响。

一、人工智能：蓄势待发

人工智能在两次高潮和低谷之后迎来第三次浪潮，各国纷纷把人工智能上升到国家战略层面，美国白宫组织四场研讨会讨论人工智能，日本提出"超智能社会"，中国发布《"互联网+"人工智能三年行动实施方案》。仿佛一夜间，各国对人工智能热情大增，我们看到人工智能领域巨头们的卡位战争已经上升到开源平台、芯片以及应用。相关一级创投金额5年增长了

20倍，预计二级市场的机会将会井喷式增长。

人工智能是开启未来智能世界的密钥，是未来科技发展的战略制高点。谁掌握人工智能的主导权，谁就将成为未来核心技术的掌控者。人工智能是我国科技实现弯道超车的难得机遇。目前国际巨头在人工智能技术上还没有完全形成垄断。我国在人工智能研究上与发达国家相比，甚至与美国相比都不算落后。

近年来中国科技界和企业界开始向人工智能的科技之巅发起冲击，如百度引进全世界人工智能泰斗级人物、前"谷歌大脑之父"吴恩达全面负责"百度大脑"计划，科大讯飞启动"讯飞超脑计划"，复旦大学联合十几所高校院所，成立"脑科学协同创新中心"。业内人士认为如果我国在国家层面加快推进人工智能发展，完全有可能利用市场需求优势、用户数据优势等，实现人工智能技术"弯道超车"，抢占人工智能产业的制高点。

1. 人工智能发展简史

人工智能概念诞生以来，经历过两个春天和两个寒冬。

表28–1　　　　　　　　　　人工智能的发展简史

发展阶段	年份	关键事件
诞生 1943~1956年	1950	图灵发表划时代论文，预言创造出真正智能机器的可能性，提出了著名的图灵测试
	1956年	达特茅斯会议上，麦卡锡说服与会者接受"人工智能"概念
起步年代 1956~1974年	1957	罗森布拉特发明第一款神经网络
	1958	赫伯特·格林特发明几何定理证明机
	1961	詹姆斯斯莱格尔发明了SAINT程序能求解大学一年级的闭合式微积分问题
第一次寒冬 1974~1980年	1974	20世纪70年代，AI遭遇"瓶颈"。即使是最杰出的AI程序也只能解决它们尝试解决的问题中最简单的一部分。在技术上遭遇计算机运算能力有限、数据缺乏、逻辑结构缺陷等问题，各机构纷纷取消了对AI项目的资助

续表

发展阶段	年份	关键事件
第一次春天 1981~1987年	1981	日本产经省拨款8.5亿美元支持第五代计算机项目。其目标是创造与人对话、翻译语言、解释图像，并且像人一样推理的机器
	1982	霍普菲尔德证明一种新型的神经网络能够用一种全新的方式学习和处理信息。鲁梅尔哈特推广了"反传法"，一种神经网络训练方法。这些发现使1970年以来一直遭人遗弃的联结主义重获新生
第二次寒冬 1987~1993年	1987	AI硬件市场需求突然下跌。战略计算促进会大幅削减对AI的资助。美国国防高级研究计划局DARPA新任领导认为AI并非下一个浪潮，拨款倾向于看起来更容易出成果的项目
第二次春天 1994年至今	1997	IBM"深蓝"战胜国际象棋世界冠军卡斯帕罗夫
	2005	斯坦福开放的一个机器人在一条沙漠小径上成功自动行驶了131英里，赢得了DARPA挑战大赛头奖
	2006	希尔顿首次提出深度学习神经网络，大大提高了实现人工智能的效率
	2014	"2014图灵测试"大会上，聊天程序"尤金·古斯特曼"首次"通过"了图灵测试
	2016	谷歌阿尔法狗（AlphaGo）战胜了世界围棋冠军李世石，掀起人工智能关注热潮

2. 计算能力与数据量大幅提升助推算法加速突破

计算成本指数级下降、GPU大规模并行计算能力被逐步挖掘，在计算层面对人工智能发展起到有力支撑。互联网、移动互联网加速爆发使数据在广度、深度两个维度均支撑人工智能算法的发展与应用的推进。此外，算法作为人工智能的核心在深度学习框架提出后有了较为长足的发展，加之计算能力与数据层的支撑，使人工智能在算法层加速突破。

3. 科技巨头和风险资本加速AI产业化

科技巨头加速布局人工智能产业，国外互联网巨头如Google、脸书、Intel、NVIDIA，国内如百度、腾讯等均积极布局人工智能产业，布局领域包含视觉算法与应用、无人驾驶、人工智能芯片等。此外，国外风投机构也借产业发展热潮加速布局人工智能产业，根据 Venture Scanner 统计数据，近年来全球人工智能领域的投资金额已成爆发增长态势。

2014 年人工智能企业融资总量首次超过 10 亿美元，2015 年融资总量更是超过 12 亿美元，2016 年超过 16 亿美元。资本层面的加速布局将助力人工智能产业加速腾飞。

国内外在人工智能领域的全球化布局一次次证明了，人工智能将成为未来 10 年内的产业新风口。像 200 年前电力彻底颠覆人类世界一样，人工智能也必将掀起一场新的产业革命。

人工智能这场革命的意义会超越互联网，并且中国互联网企业的人口红利期很快就会消失，而想要获得继续发展，就要靠人工智能。

百度扮演着中国人工智能代言人的角色，从无人驾驶汽车到度秘，从百度大脑到最强大脑，从百度世界大会到两会。李彦宏和他的百度几乎抓住了任何一个宣传"人工智能是下一幕"的机会。

表 28-2　　　　　　　　国内人工智能企业重要事件

企业	重要事件
百度	2013 年 1 月成立百度深度学习研究院 2014 年 5 月，深度学习专家吴恩达加盟百度，并负责同期成立的北美研究中心 2014 年 7 月，成立百度研究院 2014 年 9 月，百度云结合百度深度学习研究院提供的人脸识别和检索技术，推出云端图像识别功能 2014 年 11 月，百度发布了基于模拟神经网络的"智能读图"，可以使用类似人脑思维的方式去识别、搜索图片中的物体和其他内容 2015 年 9 月，机器人助理—度秘（Puer）发布 2015 年 12 月，自动驾驶事业部成立 2016 年，百度深度语音识别系统以高达 97% 的识别准确率入选麻省理工学院评选的当年"十大突破技术"
阿里	2015 年 8 月，阿里云推出国内首个人工智能平台"DTPAI" 2015 年 9 月，阿里在支付宝 9.0 版本内集成了智能机器人服务 2016 年 6 月，阿里正式对外发布了机器人操作系统 YunOS for Robot 2016 年 8 月，阿里云推出了人工智能 ET
腾讯	2015 年 6 月，腾讯智能计算和搜索实验室成立，专注于搜索技术、自然语言处理、数据挖掘和人工智能四大研究领域 2016 年 12 月，腾讯对外宣称，将推出一款名为 Angel 的第三代高性能计算平台，预计 2017 年将开放源代码

------→Baidu 的 AI 布局

百度建立的硅谷人工智能实验室已经有一段时间了，在一些领域已有所建树，如语音识别和自然语言处理，以及广告优化等领域。百度在 AI 的战略布局方面，目前包括三大实验室：硅谷人工智能实验室、深度学习实验室和大数据实验室，主要研究领域为图像识别、语音识别、自然语言处理、机器人和大数据。

2016 年 9 月，百度发布了百度大脑，包括了 PaddlePaddle 深度学习平台（算法模型）、AI 超级计算机（底层技术）以及大数据三大核心技术。2017 年 1 月，推出百度人工智能操作系统 DuerOS。

2015 年 11 月，百度硅谷实验室在吴恩达教授指导下研发出了新一代深度语音识别系统 Deep Speech 2。该系统同样使用联结主义时间分类技术的损失函数，在 16 个 GPU 上对网络进行端到端训练，使来自输入音频的字符序列可以被直接预测。百度研究人员表示，在噪音环境中（比如汽车内和人群之中）Deep Speech 2 的表现更为突出。在噪音环境下，测试显示百度 Deep Speech 2 系统的出错率要比谷歌的 API、脸书的 Wit.ai、微软的 Bing Speech 以及苹果的 Dictation 要低约 10%。

目前在人工智能领域，超过 1/2 的技术类企业投资是在计算机视觉方面。百度的深度学习研究院目前主攻方向基本以图像识别为核心，包括：图像识别基本技术、细粒度图像识别、视频分析、AR 技术和医学图像分析等。在图像识别基本技术中，百度的光学字符识别（OCR）技术已经排到世界前列，手机端身份证识别准确率达到 99% 以上。在细粒度图像识别中，百度 2016 年 9 月上线糯米应用的新功能，系统在机器学习了用户拍摄的菜品图片后，可以识别出是哪家餐馆的具体哪道菜品，并为用户推荐了附近 5 公里内最佳的餐厅。视频分析方面，百度希望将技术运用到无人驾驶的图像识别领域，目前主攻的方向是视频分割以及 3D 重建；而在 AR 方面，百度已达到向视频拍摄画面叠加动画效果的水平（林元庆，2017）。

------→腾讯的 AI 布局

2016 年 4 月，腾讯成立了 AI 实验室，提出了基于业务整合的四个研究

领域：计算机视觉、语音识别、自然语言处理和机器学习，以及四个研究方向：内容 AI、社交 AI、游戏 AI 以及工具类 AI。

深度学习方面，2016 年 12 月 8 日，腾讯大数据技术峰会暨 KDD China 技术峰会上，腾讯大数据推出了与香港科技大学以及北京大学联合研发的第三代高性能计算平台 Angel。

人工智能云服务方面，2016 年 12 月 26 日，腾讯云宣布向全球企业正式提供 7 项 AI 云服务，包括人脸检测、五官定位、人脸比对与验证、人脸检索、图片标签、身份证 OCR 识别、名片 OCR 识别。

无人车方面，腾讯注资的滴滴出行于 2016 年 4 月将原先成立的机器学习研究院更名为滴滴研究院，对大数据研究与机器学习的结合进行探索，搭建滴滴交通大脑。现在滴滴的机器学习已经在出行目的地预测、路径规划、拼车最优匹配、订单分配、估价、运力调度、评分系统等方面进行应用。另外，随着滴滴收购优步中国、智能交通云平台的开发以及 Di – Tech 算法大赛的举办，滴滴加快了未来开发无人驾驶共享汽车的脚步。

------→阿里的 AI 布局

阿里充分借助电商平台的优势，2015 年 7 月发布了人工智能购物助理虚拟机器人"阿里小蜜"；在金融领域方面，蚂蚁金服已将人工智能技术运用于蚂蚁微贷、保险、征信、风险控制、客户服务等多个领域。通过机器学习，蚂蚁微贷和花呗的虚假交易率降低至原先的 1/10。支付宝的证件审核系统开发的 OCR 系统，使证件校核时间从 1 天缩小到 1 秒，同时提升了 30% 的通过率。2015 年"双 11"期间，蚂蚁金服 95% 的远程客户服务已经由大数据智能机器人完成，并同时实现了 100% 的自动语音识别。

二、"AI +"将成为普遍的商业模式

随着人工智能领域的大热，越来越多的企业和领导者将目光和战略转移到了人工智能领域，全球巨头们纷纷加大对人工智能领域研究的投入，2016 年美国风险投资的 1/2 以上都投入了 AI 领域的项目。

人工智能将引发产业结构的深刻变革，人工智能可以在国防、医疗、工业、农业、金融、商业、教育、公共安全等领域得到广泛应用，催生新的业态和商业模式；人工智能还可以带动工业机器人、无人驾驶汽车等新兴产业的飞跃式发展，成为新一轮工业革命的推动器。目前倍受追捧的工业4.0、智能家居、无人驾驶、智能安防、智能医疗等发展方向，所代表的都是"人工智能＋应用场景"发展的商业表现形态。

从现在到2040年将是人工智能快速发展，并深入各行各业和消费者个人生活的阶段。AI＋将成为非常普遍的商业模式。目前，智能机器人、自然语言处理/生成和虚拟个人助手处于爬坡期，也是短期内取得重大进展的突破口。

1. AI＋语音处理

自然语言处理/生成将开启人机交互新界面，也是其他许多AI应用的基础，预计到2025年市场规模达300亿美元。

目前，语音识别产业化程度最高。杰出的公司代表有科大讯飞，凭借其语音助手被《麻省理工科技评论》评为2017年度全球50大最聪明公司。科大讯飞可携带实时翻译器是一款杰出的人工智能应用，克服了方言、俚语和背景杂音，可将汉语精准地翻译成十几种语言。

科大讯飞目前占有中文语音市场70%以上的份额，开发的各项产品均深受市场喜爱，例如：灵犀语音助手始终保持同类产品中用户规模第一；酷音铃声在手机铃音类产品中，市场占有率、用户体验均保持领先；车载产品已与奔驰、宝马、丰田等国际厂商以及国内所有的汽车厂商实现合作；智能电视业务在电视行业始终保持行业第一；叮咚音箱销量稳居Wi-Fi音箱品类第一，超越第二到第十名的总和。

科大讯飞的产业发展策略是"平台加赛道"：一方面，在教育、医疗、人机交互等主赛道的战略领域讯飞自己开发推进；另一方面，面向移动互联网、智能硬件的广大开发者提供智能语音及人工智能开发与服务能力。这种语音识别技术可以广泛应用于人机交互的各种场景，未来嵌入搜索、指令式的应用，前途不可限量，如 Siri、脸书 M 等虚拟个人助手的语音识别，这种应用将会成为互联网的最大入口，并为人类生活带来更大的便利。

2. AI + 汽车驾驶

自动驾驶汽车近年来一直处于媒体和资本炒作的最高点，预计相关软硬件市场规模到 2025 年达 1500 亿美元。这得益于人工智能技术的不断进步、智能语音识别系统、高精度地图和 VR 的有机结合。

以前在陌生的机场或景区，人们往往需要借助于问讯处查询地点和路线，随着人工智能技术的应用，用户完全可以通过与百度的"度秘"智能机器人的语音对话咨询来完成。而支持这一应用的，正是被全球知名《麻省理工科技评论》评为"2016 全球十大突破技术"的百度深度语音识别系统。

高精地图对于无人驾驶至关重要，相当于构建起人脑对于空间的整体记忆与认知。百度自主采集和制作的高精地图记录完整的三维道路信息，能在厘米级精度实现车辆定位，在高精地图上的领先也让百度在无人驾驶方面拥有了率先开跑的优势。

地图与 VR 的结合将可以把互联网的零距离效应发回至极致。依托百度的全景地图，将来凡是不涉及隐私的场景下的内容，用户都可以通过 VR 设备进入地图虚拟世界观看，比如，在餐厅的就餐人群是否爆满、游乐场的游客是否拥挤，等等。现在用户去看奥运会，往往要坐十几个小时的飞机，将来通过百度地图的虚拟世界，用户只需一秒就即时到达，实现足不出户就遨游全球，在任何地方随时实现接近现实体验的虚拟旅游。

在不远的将来，上述想象都将有望变为现实。而开放的百度地图正让社会出行进入更加智能的时代，给人们带来革命性升级的出行体验，也让其在互联网下半场竞争中占得先机。

不同于传统汽车，智能驾驶汽车将拥有全新产业链，这其中除了传统厂商，人工智能企业、芯片供应商等新加入的参与者也将扮演重要角色。同时，智能驾驶需要空前的行业协作，各个参与者各施其长才能最大程度提高生产效率，加速智能驾驶时代的到来。谁能够主导构建一个智能驾驶的产业生态系统，谁就能成为 AI + 汽车驾驶的巨无霸。

百度 2017 年 6 月公布了阿波罗计划，正努力打造自动驾驶的安卓（Android），为所有汽车厂商提供一个开源平台。在主题为"星罗云布共享 A-pollo"的智能驾驶论坛上，阿波罗生态合作伙伴联盟正式成立。联盟首批 50 多家成员包括奇瑞、一汽、长安、长城等 15 家领先的 OEM（原始设备制造商）厂商，博世、大陆、采埃孚、德赛西威等 10 家 Tier1 厂商，还包括 NVIDIA、微软、中兴通讯、Velodyne、TomTom、紫光展锐、富迪等 12 家多领域关键零部件生产商以及 AutonomouStuff、地平线等 3 家新锐初创企业，神州优车、Grab Taxi 等 3 家出行服务商，清华大学、上海交通大学等 5 所一流高校也已加入，芜湖、保定、北京亦庄等 6 个政府部门及机构也在名单之列。这一阵容堪称目前全球涵盖产业最丰富的自动驾驶生态。

百度还希望能够利用其海量的用户数据（数据是创建有效人工智能程序的最宝贵要素之一），以重新获得相对于国际人工智能同行的竞争优势。

3. AI + 顾问（医疗、金融等）

人工智能与顾问行业的融合未来的市场价值非常大，AI + 顾问将在医疗、金融、法律等具备大量动态数据又需要为终端用户提供个性化服务的行业，带来更大程度的效率提升。

------→阿里 ET 医疗大脑

2017 年 3 月 29 日，阿里云发布 ET 医疗大脑，宣布正式进入医疗 AI 领域。经过一年多的研究训练，人工智能 ET 可在患者虚拟助理、医学影像、精准医疗、药效挖掘、新药研发、健康管理等领域承担医生助手的角色。人工智能 + 医疗可以实现以下好处：一是时间更短。一位经过严格训练，有多年临床经验的医生，诊断一个病例平均需要查看 200 张以上的 CT 扫描图片，诊断时间超过 20 分钟。而人工智能检测系统通过学习大量有经验医师标注的样本，能在秒级，甚至是毫秒级，就给出分析结果。二是准确率更高。浙江大学附属第一医院利用 ET 实现了甲状腺 B 超的快速分析。ET 可

以在片子上圈出结节区域，并给出良性与恶性的判断，大大节省了医生的诊断时间，准确率也比三甲医院高出21%。肺癌诊断就是医疗大脑准备"攻克"的下一个目标。三是稳定度更高。广州医学院第一医院院长何健行表示，人的大脑会出现疲劳，人诊断的准确性比85%高，可以达到95%，但不能保证无时无刻都是95%。四是让年轻医生获得名医的诊断能力。随着大量医生（尤其是名医）训练机器读片，这一能力将被集成到单个医生身上，使之功力呈现N倍增加。

------→ AI + 金融

在众多领域的数据中，金融数据的获取难度高，但金融数据是所有数据价值含量最高的数据之一。在金融数据中掘金一直是数据专家和金融巨头们的共同目标，然而随着国际金融体系不断演化，数据的维度和广度都大大增加，如何理解并运用好这些数据，成为大数据和人工智能时代的核心课题。全球FinTech100强主要分布在借贷、支付、保险、监管科技、数据分析、财富管理、数字货币、区块链、资本市场、众筹和账户公司11大领域。其中，借贷和支付在各个分支领域继续领跑，无论是在成熟市场还是新兴市场，网络借贷依然是创新最早、规模最大的领域，相关企业利用互联网技术针对散户和中小型企业降低借贷门槛提高服务效率方面的创新层出不穷。

←------

目前人工智能技术在金融领域中主要有三种形式的应用，分别是智能投资顾问、智能风险控制和智能资产管理。

（1）智能投顾

中国智能投顾市场相比起美国而言才刚刚起步。2015年年底起，一批新兴金融科技企业开始开拓中国智能投顾市场，而像京东等互联网巨头和招商银行这样的传统金融机构也正在积极布局这一领域。起步虽晚，但中国有可能成为全球第一大智能投顾市场。目前来看，国内智能投顾企业良莠不齐，原因在于智能投顾企业不仅需要在产品和服务维度进行技术创新，其算法与技术还需适应中国市场的国情，通过进行有效的投资者教育、与监管部门的沟通，实现管理和运营的创新。较好的智能投顾产品大多是与基金公司、券商或互联网企业联合推出的子产品。

同花顺"i问财"切入散户市场增加用户黏性。2015年，同花顺宣布上线人工智能资管平台"i问财"，以云计算、金融大数据为支撑，构建金融财经知识图谱，采用语义分析、自然语言理解、语音识别等技术，着力开发人工智能产品，改善人机交互的模式，以最快的速度响应投资者的提问，帮助其进行投资决策。

（2）智能风控

智能风控企业一般分为三类，第一类是研发自用型，所研发的系统匹配自身业务发展。例如，拍拍贷的"魔镜"大数据风控系统、爱钱进的"云图"动态风控系统、融360的"天机"大数据风控系统等等。第二类为纯技术输出型，即为商业银行、小贷机构、理财平台、消费金融公司等提供信用评估审核、智能风控、反欺诈等金融解决方案。第三类为"混合型"，既支持自身业务发展，也对外输出技术能力。这一类型的企业一般以建立生态为目的，希望以技术输出换取接入更多的数据。比如，蚂蚁金服对中小企业开放的风控产品"蚁牛"、个人征信产品"芝麻信用"；京东金融的供应链金融产品"京保贝"也对外开放；网易金融的"北斗"风控系统等等。

（3）智能资产管理

同花顺公司投资1千万元成立人工智能资产管理公司，拓展AI资管相关业务。公司与大成基金合作的大成通顺大数据混合型基金已经证监会批准完成注册，成为其打造智能资管平台的重要标志。

基于AI技术的智能选股"i问财"功能主要针对To C端用户提供服务，并能增加用户对同花顺研究和交易平台的黏性。然而从变现能力上，并没有特殊的商业模式使AI技术发挥作用。未来公司如何能够在Level-2，广告，基金代销业务等的模式之外创造出符合AI技术的功能和商业模式，将是同花顺等智能资产管理业务的新增长点。

4. AI+电商

电商零售行业因为其丰富的大数据资源优势，不断在人工智能上推陈出新。目前，国内零售业现约有 40 余家人工智能创业公司，针对电商领域实现的功能主要有客服、实时定价促销、搜索、销售预测、补货预测等。高盛曾预测，到 2025 年，人工智能在零售业每年将节省 540 亿美元成本，创造 410 亿美元新收入。

（1）京东 JIMI 客服机器人（JD Instant Messaging Intelligence）

京东自主研发的人工智能系统，它通过自然语言处理、深度神经网络、机器学习、用户画像、自然语言处理等技术，能够完成全天候、无限量的用户服务，涵盖售前咨询、售后服务等电子商务的各个环节。

JIMI 在很多处理环节中都引入了深度神经网络技术，并取得了很好的效果。在引入深度神经网络模型后，JIMI 意图识别整体准确率由原先的 76.0% 提升至 84.1%；在命名实体识别环节，结合深度神经网络，JIMI 抽取用户问题关键信息的准确率比传统方法提高了 6.6%。

JIMI 在部分品类的售前咨询满意度甚至超过了人工客服，2016 年全年节省的成本超过亿元。JIMI 不仅仅是人工智能的前瞻应用，更是在商业模式上的突破式创新，打破了传统客服固有模式、致力于带给用户更好客户体验的同时，也为中国电商技术型创新树立了榜样。

（2）京东"无人仓"——人工智能打造的现代仓储

京东"无人仓"是自主研发的定制化、系统化整体物流解决方案，掌握了核心智慧物流设备与人工智能算法。京东通过机器人的融入改变了整个物流仓储生产模式的格局。搬运机器人、货架穿梭车、分拣机器人、堆垛机器人、六轴机器人、无人叉车等一系列物流机器人工作在无人仓中，形成了完整的中件商品与小件商品智慧物流场景。随着京东无人技术战略的不断深化，京东智慧物流将能够满足甚至创建出更丰富的应用场景，满足复杂多变的用户需求，实现运营效率和用户体验的提升。

（3）阿里拍立淘——智能图像搜索

"拍立淘"采用的方法依赖于深度学习技术，即让模型通过对大量数据进行学习，摒弃特定工程和人工规则的逻辑使其算法在迭代和更新上得到了显著提高。用户通过点击手淘搜索框里的相机图标，对准喜欢的商品，或者把商品拍成相片，软件就会自动帮你找同款——移动时代"拍立淘"这种炫酷的"以图搜图"，与以往的搜图行为大相径庭。

上线以来，拍立淘所覆盖的范畴，从最始的女装，发展到目前的男女装、鞋包、配饰、食品、数码、家居、日用百货、内衣、瓶饮等十余个类目。可见，"拍立淘"不仅是搜寻商品的入口，未来还可能成为人们获取购物、教育、娱乐、新闻、知识等信息的一种习惯。而这背后，在电商"刚需"的引导下，智能化图像搜索正面临厚积薄发的时刻。

三、人类社会进化：通往未来的阶梯

随着"无处不在的计算"时代的到来，我们已经进入一个崭新的智能机器时代。在未来几年内，人工智能和机器人给世界带来的影响将远远超过个人计算和互联网在过去30年间对世界造成的改变。汽车可以无人驾驶，无人机可以完成快递工作，医疗机器人全年无休的高速诊断，理财机器人更精准地帮你买卖股票（李开复，2016）。

根据耶鲁大学和牛津大学的研究人员对352位人工智能专家进行了采访，人工智能到2060年前后有50%的概率完全超过人类。这份研究预测在10年内，人工智能将会在以下领域超过人类：翻译领域（2024），高中水平的写作（2026），驾驶卡车（2027）。

但我们也看到：人工智能可以很好地处理规则清晰的决策工作，却很难处理规则动态变化、边界模糊的决策。人工智能在金融交易、管理咨询、法律咨询等过去专业人士工作的领域展开应用，似乎可以代替人的决策能力。但这些领域的一个共同点就是，决策规则十分清晰，结果易于评价。所以在这些领域，不受感情干扰、不会疲倦、算力惊人的人工智能能够作比行业专家更为高效、科学的决策。但如果决策规则是动态变化的，人工智能就很难及时地调整。因为人工智能的决策是依靠对大数据有规则的训练，而数据的采集又是根据训练规则而设计的。如果决策规则发生变动，那意味着训练算法、数据都需要作相应调整，而这仅靠人工智能系统自身是无法做到的。比

如，我们如果要让 AlphaGo 学习象棋的下法，就需要提供数十万份象棋棋谱，更改算法的目标约束条件，然后经历数月的训练，才能投入应用。所以我们看到不管是 IBM 的深蓝、还是谷歌的 AlphaGo，在完成了预定模式的任务后就立刻被终止了。

有一种悲观的说法：30 年后，人类出现一种可能，20% 的人类在工作，80% 的人带着 VR 面罩在虚拟世界里发泄精力。这当然是一种较为极端的情形，但不可回避的是，人工智能确实将极大地改变人类世界的分工。体力劳动和有固定规则、明晰边界的专业服务领域将率先受到人工智能的冲击，大量中产阶级（白领阶层）和蓝领工人可能会失业，至少会抑制工资率的上升，让劳动力不再值钱。这会在分配上出现两极分化的趋势，即生产和利用人工智能的企业会有越来越高的利润，普通劳动者面临失业压力和工资降低的风险。美联储主席耶伦警告说：科技和全球化正在"消灭"美国中产阶级，如果美国还想保住中产阶级的工作和薪资，就必须注意到人工智能对工作机会的影响。而此前也有一些科学家、机构或者企业家对这种未来表示了担忧。

然而，人类技术进化史从来不是一帆风顺的，也从来没有风平浪静过。每一次科技的革命，不仅带来产业和商业模式的颠覆性变革，而且为人类生活带来了巨大改善；不仅让人类摆脱了体能的束缚，而且释放了人类的心灵和思想；不仅助推人类进入更高级的科学社会，而且给人类创造了不断探索未知的可能。我们有理由相信，人工智能时代的到来会释放大量的人类生产力和闲暇，而人类也将有勇气和决心把过剩的 80% 的生产力，真正地去拓展人类的边界和极限，拓展物理疆界上的极限，将人类脚步迈向遥远的太空；拓展人类自身脑力和心灵的极限，将人类的各种生理性潜能发挥到极致。

人工智能将是人类通往未来的阶梯。

互联网经济学理论、
模型与实证检验

第七部分

任务严谨的理论观点都需要有科学的推演和实证检验，本部分是本书提出的互联网企业竞争模型——"水晶体系"的经济学模型推导，以及单寡头竞争性垄断市场结构的实证检验，供读者查阅和参考。

第二十九章
中国互联网企业竞争行为模型

在互联网平台市场中，商业模式的低技术壁垒和易模仿性特征、低产品差异化程度（更多体现为产品体验差异和产品黏性大小）、高网络效应和用户基数大小差异，以及厂商赖以生存发展的风险投资等"水晶体系"的六项要素都是厂商竞争和市场结构的重要影响因素。我们将"水晶体系"的六项要素融入扩展的豪泰林模型中，重点分析产品差异化策略和捆绑策略对互联网企业的影响。

"水晶体系"中的要素与模型变量的对应关系：因为研究相同模式下的企业竞争行为，故"水晶体系"统中的商业创意、盈利模式假设相同，不作为模型中的变量；资源整合是企业必备的生产要素，故假设有竞争能力的企业这部分的要素都是具备的，故也不作为变量放入模型；产品体验差异用变量 t 表示；产品黏性用变量 S 表示；用户基数则用市场份额 N 表示。

一、模型的基本假定前提

1. 厂商空间距离分布

我们运用产业组织理论的豪泰林模型，假设两个互联网厂商 T 和 Q 位于一个线形城市的两端，该城市的长度为 1。厂商 Q 位于 $x=0$，厂商 T 位于 $x=1$。厂商 T 和 Q 销售同样的产品或提供同样的服务。消费者均匀分布，且具有单位需求及其保留效用足够大，以致市场完全被覆盖。消费者为每个单位长度支付运输费用 t（代表两个厂商的产品差异），位于 x 的消费者到厂商 Q 购买的运输费用为 xt，去厂商 T 购买的运输费用为 (1−x)t。

2. 厂商的产品黏性

互联网厂商的产品黏性会影响其扩张速度的快慢、网络规模的稳定和获利能力的大小。传统的豪泰林模型表明，当运输成本为一次函数时，厂商往往会选择产品差异最小化。在互联网市场上，考虑到互联网企业的产品黏性对它的用户忠诚度、网络规模稳定性、获利能力和创新取向的影响较为明显，而对产品差异化的影响较小，所以，某种意义上，可以把产品黏性大小看作对厂商的保护程度高低。假设互联网厂商 T 和厂商 Q 的产品黏性分别为 S_T，S_Q（$0 < S_T$，$S_Q < 1$，S_T，S_Q 越大表明对厂商的保护程度越高），两家互联网厂商的边际成本都为零，固定成本分别为：$F_Q(S_Q) = K_F S_Q^2 + F_0$，$F_T(S_T) = K_F S_T^2 + F_0$（$K_F$ 为产品黏性保护对厂商模仿成本的影响因子，厂商的产品黏性高则会导致创新惰性，因为其凭借已有的用户基数简单模仿复制新的商业模式的成本极低，通过模仿可以轻易地获得不错的经济利益；是不受厂商影响的固定成本）；两家厂商的获利能力分别表示为 $p_1 = P_1(p_1^*, S_Q) = K_P p_1^* S_Q$，$p_2 = P_2(p_2^*, S_T) = K_P p_2^* S_T$（$0 < K_P < 1$，$K_P$ 是产品黏性指标对厂商巩固市场获取盈利能力的影响因子，p_1^*，p_2^* 是市场均衡时的价格）。在互联网市场上，产品如果无差异，商业模式的差异和进入市场先后的不同使得厂商的竞争优势有显著不同。尤其是在 C2C 双边市场中，强网络效应将导致先行厂商（如淘宝）市场份额的稳定性，而后进厂商（如拍拍）如果没有商业模式的创新，将会处于弱势地位。

3. 厂商的进入顺序与优势

假设厂商 T（淘宝）先进入 C2C 市场，成为先发优势厂商，厂商 Q（拍拍）后进入市场，具有后发劣势。假设与厂商 Q 的产品相比，所有消费者对于厂商 T 的产品有体验偏好 θ_0，且 θ_0 大于零。厂商 T 先进入市场，占据了一定的市场份额 N_T，从而获得了先发网络优势 αN_T。C2C 电子商务市场上的网络外部性强度为 α，且产品体验差异对用户效用的影响大于网络规模差异的影响（$\alpha - t < 0$），这意味着在即使存在网络规模差异，市场均衡时也总有用户选择不同的品牌厂商。

二、拓展的豪泰林模型

1. 相同商业模式下产品差异对竞争的影响

现实市场中，厂商 T（淘宝）难以阻止厂商 Q（拍拍）进入，一方面是互联网电子商务市场空间巨大、消费者需求多样性丰富，一家厂商不太可能满足整个市场需求；另一方面是厂商 Q 可通过降价和产品差异化策略来降低进入壁垒。我们把厂商的博弈分为两个阶段：前提条件是厂商 T 先进入 C2C 市场，先行获得一定的产品品牌体验优势 θ_0[1]，随后厂商 Q 进入 C2C 市场。那么第一阶段的博弈情形为，厂商 T 和厂商 Q 分别根据各自的资源和战略选择和构造合适的产品黏性保护程度（具体表现形式是多样化的），第二阶段的博弈情形为，厂商 T 和厂商 Q 充分考虑对方策略的基础上制定各自的价格和产业差异化策略。

我们可以先求解第二阶段博弈的均衡厂商价格，再求解第一阶段两个厂商的产品黏性。

当市场均衡时，对于距离厂商 Q 为 x 的消费者，当 $p_1^* + xt = p_2^* + (1-x)t - \theta_0$ 时，从任一厂商购买产品和服务是无差异的，则有 $x = [(p_2^* - \theta_0 - p_1^*)/t + 1]/2$；厂商 Q 的利润函数为：

$$\pi_Q = p_Q x - F_Q(S_Q) = (K_p p_1^* S_Q)[(p_2^* - \theta_0 - p_1^*)/t + 1]/2 - K_F S_Q^2 - F_0$$

二阶条件满足，利润函数对求导为零的厂商的反应函数为：

$$(K_p S_Q)[(p_2^* - \theta_0 - 2p_1^*)/t + 1] = 0$$

---

[1] 互联网产品明显具有体验经济的特征，厂商的品牌价值更多地通过产品体验和用户评价衡量，所以本书的品牌优势的衡量主要依据产品体验情况，这也完全符合前文的"水晶体系"的设计。

同理可得厂商 T 的反应函数为：
$$(K_p S_T)[(p_1^* - \theta_0 - 2p_2^*)/t + 1] = 0$$

两个反应函数联立可得：
$$p_1^* = t - \theta_0/3, \quad p_2^* = t + \theta_0/3$$

得到市场均衡时，两个厂商的市场份额分别为：
$$x_Q = x = 1/2 - \theta_0/6t, \quad x_T = 1 - x = 1/2 + \theta_0/6t$$

相应厂商 Q 的利润为：
$$\pi_Q = p_1 x - F_Q(S_Q) = [K_p(1 - \theta_0/3)S_Q](1 - \theta_0/3t)/2 - K_F S_Q^2 - F_0$$

二阶条件满足，利润函数对 S_Q 求导为零得到：$S_Q^* = K_p(t - \theta_0/3)^2/4tK_F$

同理可得：$S_T^* = K_p(t + \theta_0/3)^2/4tK_F$

根据以上计算推导，我们可得到以下命题。

命题 28-1：如果产品差异化程度 t 越大，则厂商的均衡价格就越高，市场份额差异就越小；相反的情形是，如果先行厂商 T 的产品体验优势 θ_0 越明显，厂商的市场份额差异和均衡价格差异就越大；产品黏性保护对厂商获利能力 K_p 影响越大，对厂商创新惰性的影响因子 K_F 越小，厂商 Q 和厂商 T 就越倾向于选择高产品黏性；若厂商 T 的产品黏性 S_T^* 高于厂商 Q 的产品黏性 S_Q^*，且厂商 T 的产品体验优势 θ_0 越明显，厂商 Q 的产品黏性 S_Q^* 就越低，厂商 T 的用户和网络规模越稳定，其产品黏性 S_T^* 就越容易提高，厂商产品黏性和其导致的市场份额的差距就越大。

从命题 28-1 的分析中我们可以看出：厂商注重提高产品体验差异，可以避免激烈的价格竞争，避免陷入伯川德竞争陷阱，提高寡头厂商竞争的均衡价格。

现实市场中，"拍拍"和"淘宝"的竞争正如命题 28-1 所示：腾讯虽然在 IM（即时通信）市场上占据了垄断地位，且用户基数异常庞大，但是对于 C2C 市场，腾讯是后进入者（2006 年 3 月正式运行拍拍网），恰如我们模型中的厂商 Q；而淘宝是 C2C 市场的先行者，其在电子商务领域的品牌优势比腾讯拍拍明显，处于绝对的市场领先地位，2006 年 7 月淘宝的市场份额为 56%，而拍拍是 12%，二者市场份额差距为 44%。作为后进入的厂商，腾讯拍拍并没有制造出明显的产品体验差异，基本上是模仿已有的电子商务模式，结果使中国的 C2C 市场维持了接近于伯川德状态的激烈的价格竞争，几乎全部免费给消费者提供服务，但由于品牌影响力和网络规模不及先行者淘宝网，所以市场份额仍然远远不及淘宝，到 2012 年 12 月，拍拍网的市场份额不升反降为 5%，而淘宝网的市场份额则上升至 82%，二者市场份额差距扩大到 77%。淘宝更早意识到命题 28-1 中的原理，现在开始致力于提高产品的差异化，推出了淘宝商城，天猫商城等差异化的 C2C 商业模式，期望能获得更高的均衡价格。

2. 相同商业模式下捆绑对竞争的影响
（1）后进入者拥有强大用户基数

互联网产业中的平台厂商没有技术上的明显差别，导致市场中谁先达到临界规模和形成正反馈机制是市场制胜的关键，那么厂商先后进入顺序就十分重要。后进入厂商是否可以采取某种竞争策略转劣势为优势？我们观察到腾讯 QQ 在 2003 年较晚介入网络游戏市场后，利用其在即时通信市场上庞大用户基数的垄断优势，捆绑了网络游戏功能，并在模仿对手（如联众的在线休闲网络游戏）的基础上加以创新，很快便将其网络游戏的龙头老大市场地位取而代之[①]。下面以"腾讯"和"联众"的竞争实例来分析相同商业模式下捆绑策略对竞争的影响。

假设在线网络休闲游戏市场[②]有两个厂商：厂商 1 或 L 代表联众，厂商 2 或 Q 代表腾讯，在线网络休闲游戏市场的网络效应强度为 α_E，厂商 L 先进入市场，并在该市场获得了网络优势 α_E 和产品体验优势 θ_0；此时如果在即时通信市场有垄断地位的厂商 Q 进入网络游戏市场，其通过绑定策略获

---

① 联众创办于 1998 年，一开始即做网络游戏，2001 年占有中国在线游戏市场份额的 66%，腾讯的网络游戏业务起步较晚，2003 年才开始组建游戏团队，但 2004 年 8 月就把当时休闲游戏的老大联众甩在后面，QQ 游戏同时在线人数突破 200 万，跃居国内第一大休闲游戏门户。而在 2009 年腾讯网络游戏业务又超越盛大，成为业界第一。

② 本书的网络游戏市场特指在线休闲类网络游戏（如棋牌类），分析对象主要是联众和腾讯的在线网络游戏，不包括魔兽、征途等大型网游，因为大型网游产品具有一定的特质，产品本身的网络外部性较强，且有时尚消费特征，各领风骚三两年。

得了来自 IM 市场的网络优势 λ，凭借 IM 市场高黏性的庞大用户基数降低了广告推广成本，使得固定成本 $F_2 < F_1$；由于互联网游戏厂商技术和商业模式无差异，厂商 L 和厂商 Q 都可通过相互模仿来降低产品差异度 t。

在厂商博弈的第一阶段，厂商 Q 试图进入在线网络休闲游戏市场。距离厂商 L 为 x 的消费者，当 $P_1 + xt - \alpha_E N - \theta_0 = P_2 + (1-x)t - \lambda$ 时，从任一厂商购买是无差异的，那么有：$x = \{[(p_2 - p_1 - \lambda + \theta_0 + \alpha_E N)/t] + 1\}/2$。

当 $x \geq 1$，即 $(p_2 - p_1) - \lambda + \theta_0 + \alpha_E N - t \geq 0$ 时，所有消费者都选择厂商 1。

命题 28-2：如果厂商 Q 的价格越低，而厂商 L 的价格越高，产品差异化程度 t 越大，厂商 L 的品牌体验优势 θ_0 和网络优势 $\alpha_E N$ 越小，厂商 Q 的绑定优势 λ 越大，那么厂商 L 越难阻止厂商 Q 进入。

命题 28-2 的分析表明，从竞争现实看，腾讯采取了一系列策略使得联众无法阻止其进入网游市场，免费提供网游产品和服务；并模仿联众等在位游戏公司的产品特点，整合了 SNS 关系链，形成互动娱乐的产品特质，有效提高了产品差异程度，并提升用户体验价值，弱化了在位厂商的品牌优势；将 IM 工具与网游业务捆绑增加了网游业务依托的用户基数优势，使腾讯庞大的 IM 用户很容易转化为网游用户。

博弈的第二阶段，厂商 Q 进入在线休闲网游市场与厂商 L 竞争，且厂商 Q 模仿厂商 L 的产品和商业模式的基础上加以改进型局部创新，致使厂商 L 逐渐失去品牌优势。

同理，我们可以利用 C2C 电子商务市场类似的拓展的豪泰林模型进行分析：如果厂商 Q 进入网游市场，会有部分消费者选择厂商 Q 的产品，当市场均衡时，与厂商 Q 距离为 x 的消费者，当 $P_Q + xt - \alpha x = P_L + (1-x)t - (1-x)\alpha$ 时，从任一厂商购买是无差异的，那么有 $x = [(P_L - P_Q)/(t - \alpha) + 1]/2$。

现实的网游市场竞争中，由于厂商 Q 拥有庞大的用户基数以及高产品黏性，用户转移到其捆绑的网游业务非常容易，使推广成本极低；且厂商 Q 的业务领域也更广泛，使得其用户在货币支付方面有更大的选择性，即花一笔钱可以享受多种产品选择的效用。这样，厂商 Q 的价格 P_Q 可以远小于在位厂商 L 的价格 P_L，我们在考察厂商 L 的决策和市场份额时，可以近似地把厂商 Q 的价格视为零，则厂商 Q 的市场份额 $x = [(P_L - P_Q)/(t - \alpha) + 1]/2 \approx [P_L/(t - \alpha) + 1]/2$。

厂商 L 的利润函数为：

$$\pi_L = P_L(1 - x) - F_L = P_L[1 - (P_L - P_Q)/(t - \alpha)]/2 \approx P_L[1 - P_L/(1 - \alpha)]/2$$

易得二阶条件满足，对 P_L 求导为零得，$P_L^* = (t - \alpha)/2$，那么有

$$x_Q = x \approx (3/2)/2 = 3/4, \quad x_L = 1 - x \approx 1/4$$

命题 28-3：互联网市场中，如果具有绑定用户基数优势的厂商 Q 通过捆绑策略进入，那么当市场均衡时，厂商 Q 的市场份额为 3/4，厂商 L 的市场份额为 1/4；厂商 Q 的价格与产品差异化程度 t、网络外部性强度 α 无关；如果产品差异化程度 t 越大，网络外部性强度 α 越小，则厂商 L 的均衡价格就越高。

命题 28-3 表明，当产品差异度 t 足够大，而网络外部性强度 α 足够小的情况下，厂商 Q 的进入虽然使得厂商 L 丧失行业龙头地位，但厂商 L 并非无利可图，只是会以一个相对确定的市场份额同时存在和竞争。但是反过来说，如果产品差异度 t 足够小，而网络外部性强度足够大的情况下，在位厂商 L 想要维持盈利将变得非常困难，可行的方式是改变竞争的商业模式。

现实中的联众与 QQGame 的竞争属于命题 28-3 表述的反例：联众成立于 1998 年，2000 年在线休闲游戏市场份额占 85%，是绝对的龙头老大。然而，在 2004 年被推出仅仅一年的 QQGame 取代了市场第一的位置，之后联众没有做出相应的改进和创新，2007 年、2008 年出现连续两年账面亏损，2010 年市场份额降至不到 1%，而 QQGame 在 2010 年同时在线人数达 680 万，成为在线休闲游戏世界第一。

（2）在位者拥有强大用户基数

中国的互联网即时通信市场长期以来一直是腾讯 QQ 的天下[①]，MSN Messenger 同腾讯 QQ 本来定位在相对分隔的市场，但是 MSN 伴随微软操作

[①] 互联网即时通信产品最早的创始人是三个以色列青年，是他们在 1996 年做出来的，取名叫 ICQ。1998 年当 ICQ 注册用户数达到 1200 万时，被 AOL 看中，以 2.87 亿美元的天价买走。QQ 的前身 OICQ 在 1999 年 2 月第一次推出，目前几乎是中国即时通信市场的垄断厂商。

系统的全球化战略，从 Windows98 起，一直到 Windows XP，微软不断捆绑推出更新的即时通信产品，通过操作系统以及 Outlook 等附属软件的捆绑优势巩固和提高其在 IM 市场的地位。2005 年 4 月，微软公司发布了 MSN Messenger7.0 正式版本，面向中国用户的中文版也同时推出，正式进入中国市场与腾讯 QQ 直面竞争，微软的捆绑策略对于竞争对手几乎是无法抵挡的致命绝招，当初微软捆绑 IE 浏览器从容击败网景公司的案例堪称经典，被无数学者和反垄断研究者所引用。其惯用的捆绑策略是否能够在中国 IM 市场上所向披靡？我们用扩展的豪泰林模型来刻画腾讯 QQ 和微软 MSN 之间的竞争过程。

假设 IM 市场有两个厂商：厂商 1 或 Q 代表腾讯，厂商 2 或 M 代表微软 MSN，IM 市场的网络效应强度为 α，厂商 Q 先进入 IM 市场，并获得了网络优势和产品品牌优势 θ；然后厂商 M 进入，并且凭借其在 PC 桌面操作系统市场的垄断地位获得绑定优势 λ。

在厂商博弈的第一阶段，厂商 2 试图进入 IM 市场。距离厂商 1 为 x 的消费者，当 $p_1 + xt - \alpha N - \theta = p_2 + (1-x)t - \lambda$ 时，从任一厂商购买是无差异的，那么有：$x = \{[(p_2 - p_1 - \lambda + \theta + \alpha N)/t] + 1\}/2$。

当 $x \geq 1$，即 $(p_2 - p_1) - \lambda + \theta + \alpha N - t \geq 0$ 时，所有消费者都选择厂商 1。

命题 28 - 4：如果厂商 M 的价格越高，厂商 Q 的价格越低，产品差异化程度 t 越小，厂商 M 的绑定优势 λ 越小，厂商 Q 的网络优势 αN 和品牌优势 θ 越大，那么厂商 Q 就越容易阻止厂商 M 进入。

现实中，MSN 是被微软捆绑在桌面操作系统的，而 QQ 是免费注册使用的，所以，在价格方面并无明显差异；微软 MSN 在产品设计上差异于腾讯 QQ 的学生路线，主要针对高端的商务人群；且微软的捆绑优势显然是异常强大的，中国 90% 以上的电脑用户安装的是微软的操作系统，所以腾讯 QQ 并没有有效阻止其进入中国市场。[①]

博弈的第二阶段，厂商 2 进入 IM 市场与厂商 1 竞争，但在产品体验和

---

① MSN 在中国的顺利落地，也与腾讯当时的战略失误有关，腾讯在 2002 年底开始注册 QQ 号码收费，给 MSN 可乘之机，直到 2003 年 8 月腾讯取消了收费政策。

用户习惯方面做的不如厂商1，将导致厂商1强化其品牌优势θ。第二阶段，如果厂商2进入，基于厂商2用户定位的差异（MSN定位为商务人群，QQ定位是学生），部分消费者会选择厂商2，那么市场均衡时，距离厂商2为1-x的消费者，当$p_1 + xt - \alpha N - \theta = p_2 + (1-x)t - \lambda$时，从任一厂商购买是无差异的，那么有$x = \{[(p_2 - p_1 - \lambda + \theta + \alpha N)/t] + 1\}/2$。

前文所述，厂商1和厂商2价格无差异，决定厂商市场份额的仅仅是$\theta + \alpha N - \lambda > 0$是否成立，在娱乐休闲的功能设计方面，MSN远远落后于QQ，这是不争的事实，而IM市场是网络外部性极强的市场，QQ充分利用了这种效应并有效开发SNS互动娱乐关系链，不断累计和强化了QQ的网络效应，且QQ用户在2003年9月即达到2亿人，这样庞大的用户基数也放大了QQ的网络效应。

命题28-5：如果网络外部性强度α越大，厂商Q的用户基数N越大，厂商Q的产品体验优势θ越明显，厂商M的绑定优势λ越小，那么厂商M进入后在位厂商Q的市场占有率就越高；而且厂商M的绑定优势λ大小不影响厂商Q的市场份额大于厂商M的结果。

现实中腾讯QQ与微软MSN的竞争格局与上述推论相符，腾讯QQ在1999年推出，发展至2005年拥有同时在线人数达到1000万人，同年中国上网的计算机数量为5000万台，而装了微软操作系统的占95%，就在这一年，微软MSN正式部署中国市场，并在2006年7月时，拥有了17%的市场份额（当时QQ的市场份额为57%）。然而，后来的情形是腾讯的市场份额并未受到MSN的巨大冲击，反而不断做大用户基数，成为IM市场上当之无愧的单寡头垄断厂商，稳稳占据了超过六成的市场份额，到2012年12月，QQ拥有66%的市场份额，而MSN则受挫于中国市场，市场份额不升反降至2%，后逐渐战略转向合并入Skype业务中。

第三十章
中国互联网市场结构实证检验

为了验证中国互联网市场的结构特征，选取即时通信市场作为案例①进行实证检验。选取的变量包括 HHI 指标和企业数量两个指标，要检验的是二者之间是否存在长期稳定的相关关系。也就是说，要验证的问题实际上是中国互联网市场集中度的提高是否会形成进入壁垒从而影响企业的进入，即是否为单寡头竞争性垄断市场。对此，需要在平稳性检验的基础上进行协整检验。

一、平稳性检验

平稳的时间序列需要满足以下两点：①均值、方差和协方差均与时间 t 无关；②协方差只与时间间隔有关；否则就是非平稳时间序列。

传统的普通最小二乘法（OLS）的假设前提是平稳的时间序列，如果回归变量非平稳就会产生伪回归的问题，使检验的结果失去意义。而通常，时间序列都是非平稳的，需要进一步的数据处理将其转化为平稳的时间序列，对数化就是一个方法。因此，对 HHI 和企业数量两个变量均进行了对数化处理，见图 29-1，结果显示，经过对数化处理后两个变量的走势仍然表现

---

① 本研究对 C2C 电子商务市场和搜索引擎市场作了同样的平稳性与协整检验，结果与即时通信市场一致，在正文中不加赘述。

出了一定程度非平稳的指数化趋势。图 29 - 2 的自相关—偏自相关图也表明，取对数后的两个时间序列变量仍然是非平稳序列，不能直接进行最小二乘回归。

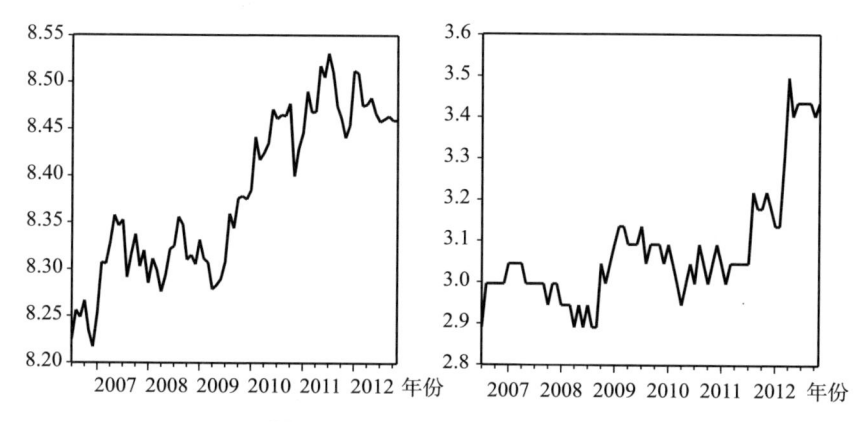

图 29 - 1　lnHHI 和 lnN 的走势

资料来源：根据艾瑞监测数据绘制。

图 29 - 2　lnHHI 和 lnN 的自相关—偏自相关

资料来源：根据艾瑞监测数据绘制。

接下来，采用更为正式的单位根检验方法，即 ADF 检验（Augment Dickey - Fuller test）。检验结果见表 29 - 1。

表 29-1　　各变量的原序列、一阶差分和二阶差分序列的单位根检验结果

变量	检验类型	ADF 检验值	1%临界值	单位根	结论
lnHHI	(c, t, 1)	-2.977	-4.083	存在单位根	非平稳
ΔlnHHI	(c, t, 1)	-10.039	-4.085	不存在单位根	平稳
lnN	(c, t, 1)	-2.175	-4.083	存在单位根	非平稳
ΔlnN	(c, t, 1)	-10.391	-4.085	不存在单位根	平稳

注：Δ 表示一阶差分，检验类型一栏括号内的第一个字符表示是否包含常数项（c 为含常数项，0 为不含常数项），第二个字符表示是否包含趋势项（t 为含趋势项，0 为不含趋势项），第三个字符表示的是滞后期数。

由表 29-1 结果可知，lnHHI 和 lnN 这两个时间序列都是非平稳的，但是取一阶差分之后都变成了平稳的。因此，这两个时间序列都是一阶单整时间序列，可以对它们进行协整检验。

二、协整检验

lnHHI 和 lnN 都是一阶单整序列，可以采用 Engle – Granger 两步法检验 lnN 和 lnHHI 之间的协整关系。第一步是进行协整回归，第二步是进行残差的平稳性检验。

首先，采用普通最小二乘法（OLS）可以得到以下回归方程：

$$\text{lnN} = -4.087 + 0.855\text{lnHHI} \tag{1}$$
$$(-2.929)\quad(5.137)$$
$$R^2 = 0.260;\ F = 26.393$$

从回归结果来看，模型的 F 统计值达到了 26.393，表明模型总体回归结果较为显著，各回归系数的 t 统计值也显示各个变量较为显著。

其次，对残差进行平稳性检验，检验方程如下：

$$u_t = \text{lnN} + 4.087 - 0.855\text{lnHHI} \tag{2}$$

如果残差序列是平稳的，那么就表明两个变量之间存在着协整关系，否

则二者间不存在协整关系。表 29-2 列出了残差的单位根检验结果。此处的单位根检验方法同样是 ADF 方法。从检验结果来看，残差序列是平稳的，不存在单位根。因此，lnN 和 lnHHI 之间存在着协整关系。

表 29-2　　　　　　　　　　残差的单位根检验结果

变量	检验类型	ADF 检验值	10% 临界值	单位根	结论
u_t	(0, 0, 1)	-1.835	-1.614	不存在单位根	平稳

注：检验类型一栏的 (0, 0, 1) 表示不含常数项和趋势项，滞后期数为 1。

通过对即时通信市场的市场集中度和企业数量之间的协整检验，可以得到如下结论：在即时通信市场，随着集中度的升高，企业数量也有所上升，因此，该市场为单寡头竞争性垄断市场，也就是说，该市场的集中度升高并未影响到企业的进入，没有形成市场进入壁垒。

附录

名词解释

网络产业

网络产业作为极具影响力的战略性新兴产业也日渐成为研究的热点。经济学研究的"网络"包括各种电信网、广播电视网及互联网等"物理网络"（physical network）和诸如电子邮件使用者和电子商务使用者等构成的"虚拟网络"（virtual network）。这种利用互联网，为企业、消费者等各类组织提供网络服务的群体，被称为网络产业。

互联网平台企业

互联网平台企业既是互联网产业中发展较快、影响较大的企业，又是颇具争议的社会焦点。所以，本书选取互联网平台企业作为主要研究对象。

平台（platform）是一种有形或无形的空间，它可以导致或促成双方或多方客户之间的交易。平台的研究对象涉及买方、卖方和第三方（平台方）。互联网产业有很多这样的例子，淘宝是C2C的第三方平台，连接了买家与卖家；脸书是SNS平台，连接了第三方应用提供商和消费者，等等。平台理论与双边市场是近期产业组织领域的研究热点之一。平台产生于第三方中介服务过程，当两类或多类不同需求的消费者产生交易时会存在市场信息不对称、消费者"搭便车"等问题，这些问题使得交易双方或多方很难把相互之间产生的外部性内部化，因此对平台的需求就应之而生，而平台则可通过内部化这种间接网络外部性而获利。

平台企业的主要特征是具有平台效应：包括网络规模和网络外部性。平台效应是平台网络规模和平台网络外部性的函数，平台网络规模或网络外部性越大，平台效应就越强。这种平台效应在互联网产业中更加明显，本书着重研究的互联网平台企业中的三种平台：即时通信平台、搜索平台和C2C电子商务平台。这三类平台中对中国互联网产业的发展起到了主导性作用，其寡头垄断企业腾讯、百度和阿里巴巴占据了中国互联网上市公司总收入超过七成的份额。

网络效应与网络外部性

随着互联网等网络产业的快速发展和扩散，"网络"现在作为日常用语越来越频繁地出现在人们生活中。然而，经济学文献中的"网络"概念的含义要广泛得多，不仅包括互联网，还包括各种电信网、广播电视网以及因特网等"有形网络"（physical network）；和如电子邮件使用者网络、SNS社交网络等"无形网络"（virtual network）。

卡茨和夏皮罗（Katz & Shapiro，1985）提出"网络外部性"的概念，是指"随着使用同一产品的人数的增加，个体使用者获得的效用也随之增加。"利伯维茨和马格利斯（Liebowitz & Margolis，1995）认为，根据卡茨和夏皮罗（1985）的定义，产品出现网络外部性时，消费者受相关网络规模改变（即需求的变化）而获得收益或者承担成本，但这些收益或成本可能源于品牌、产品信息、地位、服务的可获得性或网络相关产品的价格，如照此定义，大多数产品具有网络外部性，因此他们认为网络外部性的概念应该受到限制。故给出如下定义："一种行为（消费产品、使用服务等）的净值受采取相同行为的经济当事人数量影响的情况"将被称为网络效应，网络外部性是网络效应的特定情况，指不能被内部化的网络效应，且存在正负之分。卡茨和夏皮罗也赞同对网络效应和网络外部性的区分。本书认同利伯维茨和马格利斯（1995）对网络效应和网络外部性的区分，将本书研究界定为网络效应的概念。

法雷尔和塞隆纳（Farrell & Saloner，1985）将网络效应分为直接网络效应和间接网络效应。直接网络效应（direct network effect）指"某产品使用者的效用随着本产品使用人数的增加而增多"，最典型的是通信产业，这也是由消费者需求之间的相互依赖而产生的边际收益递增的经济现象。间接网络效应（indirect network effects）与直接网络效应的差别在于消费者所获得的效用并不直接依赖于该产品的网络规模（购买同类或兼容产品的消费者数量之和），而是间接依赖于其互补品的种类与数量。直接网络效应来源于消费者需求之间的互补性，而间接网络效应则来源于产品需求的互补性。当硬件产品的网络规模扩大时，会吸引更多的软件企业为其提供互补品，互补品种类和数量的增加又使硬件产品使用者有了更多的选择，更好地满足了其多元化的需求，间接增加了硬件产品使用者的效用。

参 考 文 献

[1] Chao cheng Mai, Shin-kullPeng. Corperation vs Competition in a spational Model [J]. Regional Science and Urban Economies, 1999 (29).

[2] Farrell, J., Paul Klemperer. Coordination and Lock-In: Competition with Switching Costs and Network Effects [R]. Working Paper, Draft Prepared for The Handbook of IO 2001.

[3] Rogers, Everett. Difussion of Innovations [M]. New York: The Free Press, 2003.

[4] Aghion, P., Bolton, P. An Incomplete Contracts Approach to Financial Contracting [J]. Review of Economic Studies, 1992 (59).

[5] Aghion, P., Harris, C., Howitt, P. Competition, Imitation and Growth with Step-by–Step Innovation [J]. Review of Economic Studies, 2001 (68).

[6] Armstrong, M. Price discrimination by a many-product firm [J]. Review of Economic Studies, 1999 (66).

[7] Armstrong, M., Vickers, J. Competitive price discrimination [J]. RAND Journal of Economics, 2001 (32).

[8] Armstrong, Mark. Competition in Two–Sided Markets [J]. RAND Journal of Economic, 2006 (37).

[9] Arrow, K. Economic welfare and the allocation of resources for inventions [M]. Princeton: Princeton University Press, 1962.

[10] Arthur, W. Brain. Increasing Returns and the New World of Business

[J]. Harvard Business Review, 1996 (8).

[11] Arthur, W. Brian. Positive Feedbacks in the Economy [J]. Scientific American, 1990 (262).

[12] Arthur, W. B. Competing Technologies, Increasing Returns, and Lock in Historical events [J]. Economic Journal, 1989 (99).

[13] Asvanund, Atip, Karen Clay, Ramayya Krishnan and Michael D., Smith. An Empirical Analysis of Network Externalities in Peer-to-Peer Music-Sharing Networks [J]. Information Systems Research, 2004 (15).

[14] Augereau, A., Greenstein, S., Rysman, M. Coordination vs. differentiation in a standards war: 56K modems [J]. RAND Journal of Economics, 2006 (37).

[15] Baake P., Boom A. Vertical product differentiation, network externalities and compatibility decisions [J]. International Journal of Industrial Organization, 2001 (19).

[16] Baake, Pio and Anette Boomy. Vertical Product Differentiation, Network Externalities and Compatibility Decisions [J]. International Journal of Industrial Organization, 2001 (19).

[17] Bajari, P. and Tadelis, S. Incentives v. s. Transaction Costs [J]. The Rand Jourual of Economics, 2001 (32).

[18] Basu, Amiya, Tridib Mazumdar and S. P. Raj. Indirect Network Externality Effects on Product Attributes [J]. Marketing Science, 2003 (22).

[19] Bental, Benjamin and Spiegel, Menahem. Network competition, product quality and market coverage in the presence of network externalities [J]. Journal of Industrial Economics, 1995 (43).

[20] Besen, S. M., and Farrell, J. Choosing How to Compete: Strategies and Tactics In Standardization [J]. Journal of Economic theory, 1994 (8).

[21] Bhaskar, V., To, T. Is perfect price discrimination really efficient? An analysis of free entry [J]. RAND Journal of Economics, 2004 (35).

[22] Biais, B., Martimort, D., Rochet, J. C. Competing mechanisms in a common value environment [J]. Econometrica, 2000 (68).

[23] Bolton, P., Farrell, J. Decentralization, duplication and delay. Journal of Political Economy [J]. 1990 (98).

[24] Brandow, G. E. Market Power and its Sources in the Food Industry [J]. American Journal of Agricultural Economics, 1969 (51).

[25] Brynjolfsson, Erik and Chris F. Kemerer. Network Externalities in Microcomputer Software: An Econometric Analysis of the Spreadsheet Market [J]. Management Science, 1996 (42).

[26] Cabral, Luis, David Salant and Glenn Woroch. Monopoly Pricing with Network Externalities [J]. International Journal of Industrial Organization, 1999 (17).

[27] Caillaud, Bernard, and Bruno Jullien. Chicken and Egg: Competition among Intermediation Service Providers [J]. RAND Journal of Economics, 2003 (34).

[28] Carlton, D., Waldman, M. The strategic use of tying to preserve and create market power in evolving industries [J]. RAND Journal of Economics, 2002 (33).

[29] Chakravorti, Sujit and Roberto Roson. Platform Competition in Two-Sided Markets: The Case of Payment Networks [J]. Review of Network Economics, 2006 (5).

[30] Chen, Y. M. Equilibrium product bundling [J]. Journal of Business, 1997 (70).

[31] Choi, J. P., Stefanadis, C. Tying. investment, and the dynamic leverage theory [J]. RAND Journal of Economics, 2001 (70).

[32] Choi, J. P. Irreversible Choice of uncertain Technologies with Network Externalities [J]. RAND Journal of Economics, 1994 (25).

[33] Choi, J. P., Stefanadis, C. Tying: investment and the dynamic le-

verage theory [J]. RAND Journal of Economics, 2001 (32).

[34] Choi, Jay Pil. Mergers with Bundling in Complementary Markets [J]. Journal of Industrial Economics, 2008 (56).

[35] Chou Chien-fu. , Oz Shy. Partial Compatibility and Supporting Services [J]. Ecnomics Letters, 1993 (41).

[36] Church, J. and N. Gandal. Complementary Network Externalities and Technology Adoption [J]. International Journal of Industrial Organization, 1993 (11).

[37] Church, J. and N. Gandal. Strategic Entry Deterrence: Complementary Products as Installed Base [J]. European Journal of Political Economy, 1996 (12).

[38] Church, Jeffrey and Neil Gandal. Integration, Complementary Products and Variety [J]. Journal of Economics and Management Strategy, 1992a (1).

[39] Clements, M. T. Inefficient Adoption of Technological Standards: Inertia and Momentum Revisited [J]. Economic Inquiry, 2005 (43).

[40] Cremer, J. , Rey, P. , Tirole, J. Connectivity in the commercial Internet [J]. Journal of Industrial Economics, 2000 (48).

[41] Cyert R. M. , March J. G. A Behavioral Theory of The Firm [M]. Englewood Cliffs, NJ: Prentice Hall, 1963.

[42] David, Paul A and Steinmueller, W. Edward. Economics of compatibility standards and competition in telecommunication network [J]. Information Economics and Policy, 1994 (16).

[43] De Palma, A. and Leruth, L. Variable. Willingness to Pay for Network Externalities with Strategic Standardization Decisions [J]. European Journal of Political Economy, 1996 (12).

[44] Dick A. S. , Basu K. Customer loyalty: toward an integrated conceptual framework [J]. Journal of the Academy of Marketing Science, 1994 (22).

[45] Donald A. Hay and Derek J. Morris. Industrial Economics and Organization [M]. Oxford University Press, 1991.

[46] Dranove D. and Gandal N. The DVD vs DIVX Standard War: Empirical Evidence of Network Effects and Preannouncement Effects [J]. Journal of economics of Management Strategy, 2003 (12).

[47] Economides, N. Equilibrium coalition structures in markets for network goods [J]. Analysis Economic Statistics, 1998 (50).

[48] Economides, N. The economics of networks [J]. International Journal of Industrial Organization, 1996 (14).

[49] Economides, N. Compatibility and Market Structure [J]. Working paper, 1991.

[50] Economides, N. and L. J. White. Networks and Compatibility: Implications for Antitrust [J]. European Economic Review, 1994 (38).

[51] Economides, N. and L. J. White. One – Way Networks, Two – Way Networks, Compatibility, and Antitrust [R]. Stern School of Business, N. Y U, Discussion Paper 1993.

[52] Economides. N. Desirability Of Compatibility In The Absence Of Network Externalities [J]. The American Economic Review, 1989 (79).

[53] Economidies, N. Network externalities, complementarities and invitation to enter [J]. European Journal of Political Economy, 1996 (12).

[54] Evans, S. , David. The Antitrust Economics of Multi – Sided Platform Markets [J]. Yale Journal on Regulation, 2003a (20).

[55] Farrell, J. Cheap talk, coordination and entry [J]. RAND Journal of Economics, 1987 (18).

[56] Farrell, J. , Saloner, G. Installed base and compatibility: Innovation, product preannouncements, and predation [J]. American Economic Review, 1986 (76).

[57] Farrell, J. , Simcoe, T. Choosing the rules for formal standardization

[J]. Working Paper, University of California, Berkeley, 2007.

[58] Farrell, J., Saloner, G. Coordination through committees and markets [J]. RAND Journal of Economics, 1988 (19).

[59] Farrell, J., Simcoe, T. Choosing the rules for formal standardization [J]. Working Paper, University of California, Berkeley, 2007.

[60] Farrell, Joseph and Garth Saloner. Installed Base and Compatibility: Innovation, Product Preannoucements, and Predation [J]. American Economic Review, 1986 (76).

[61] Fudenberg, D., Tirole, J. Customer poaching and brand switching [J]. RAND Journal of Economics, 2000 (31).

[62] Gandal, N. et al. Bundling in the PC office software market [J]. GEPR, Working Paper, 2005.

[63] Guerrin-Calver M, WILDMAN S. Electronic Services Network: A Business and Public Policy Challenge Praeger [J]. New York, 1991.

[64] Hart, O., Moore. Default and Renegotiation [J]. Q. J. of Economics, 1998 (113).

[65] Henrich R. Greve. A Behavioral Theory of R&D Expenditures and Innovations: Evidence from Shipbuilding [J]. Academy of Management Journal, 2003 (47).

[66] Hermalin, B., Katz, M. Customer or complementor? Intercarrier compensation with 2-sided benefits [J]. Working Paper. University of California, Berkeley, 2005.

[67] Hotelling, H. Stability in competition [J]. Economic Journal, 1929 (39).

[68] J. H. Brown. Structure-Conduct-Performance: A Comment on Blaug's Is Competition Such a Good Thing? Static Efficiency versus Dynamics Efficiency [J]. Review of Industrial Organization, 2002 (21).

[69] Jeffrey. C. Neil, G. System competition, vertical merger and foreclo-

sure [J]. Journal of Economics & Management Strategy, 2000 (9).

[70] Jeon, D. S., Laffont J. J., Tirole J. On the Receiver – Pays Principle [J]. RAND Journal of Economics, 2004 (35).

[71] JEONG – YOO K. Product Compatibility as a Signal of Quality in a Market With Network Externalitie [J]. International Journal of Industrial Organization, 2002 (20).

[72] Jonard N., Schenk E. A Note on Compatibility and Entry in a Circular Model of Product Differentiation [J]. Economic Bulletin, 2004 (12).

[73] Katz M. L., Shapiro C. Network externalities, competition, and compatibility [J]. American Economic Review, 1985 (75).

[74] Katz M., Shapiro C. Product Compatibility Choice in a Market with Technological Progress [J]. Oxford Economic Papers, 1986 (38).

[75] Katz Michael, Carl Shapiro. Technology adoption in the presence of network externalities [J]. Journal of Political Economy, 1985 (9).

[76] Katz, M., Shapiro, C. Product Introduction with Network Externalities [J]. International Journal of Industrial Organization, 1992 (40).

[77] Klemperer P. The Competitiveness of Markets With Switching Costs [J]. Rand Journal of Economics, 1987 (18).

[78] L. Luca, and R. Orsini. Network externalities and the overprovision of quality by a monopolist [J]. Southern Economics Journal, 2001 (67).

[79] Laffont, J. J., Rey, P., Tirole, J. Network competition. II. Price discrimination [J]. RAND Journal of Economics, 1998b (29).

[80] Lambertini L., Orsini R. Vertically differentiated monopoly with a positional good [J]. Australian Economic Papers, 2002 (41).

[81] Laudon K. C., Traver C. G. E – Commerce: business, technology, society [M]. Boston: Addison – Wesley, 2001.

[82] Liebowitz, S. J., S. E. Margolis. Network Externality: An Uncommon Tragedy [J]. The Journal of Economic Perspectives, 1994 (8).

[83] Liebowitz, S. J. and S. E. Margolis, Are Network Externalities a New Source of Market Failure? [J]. Research in Law and Economics, Lead article. 1995 (20).

[84] Liebowitz, S. J. , S. E. Margolis. Market Progresses and The Selection of Standards [J]. Harvard Journal of Law and Technology, 1996 (9).

[85] Magretta J. Why Business Models Matter [J]. Harvard Business Review, 2002 (80).

[86] Mahadevan B. Business Models for Internet-based e – Commerce: An anatomy [J]. California Management Review, 2000 (42).

[87] Mai Chao-cheng, Peng Shin-kun. Cooperation vs competition in a spatial model [J]. Regional Science and Urban Economics, 1999 (19).

[88] Malueg D. A. , Schwartz M. M. Compatibility incentives of a large network facing multiple rivals [J]. Journal of Industrial Economics, 2006 (54).

[89] Matutes, Carmen and Pierre Regibeau. Mix and Match: Product Compatibility without Network Externalities [J]. RAND Journal of Economics, 1988 (19).

[90] MeAfee, R. P. et al. Multiproduct monopoly, commodity bundiing, and correlation of values [J]. Quarterly Journal of Economics, 1989 (1).

[91] Porter M. E. How information gives you competitive advantage [J]. Harvard Business Review, 1985 (63).

[92] Puffert D. The Economics of Spatial Network Externalities and the Dynamics of Railway Guage Standardization [J]. Stanforol Califomia: Stanford University, 1991.

[93] Radner, R. , Radunskaya A. , Sundararajan, A. Dynamic Pricing of Network Goods with Boundedly Rational Consumers [J]. Working Paper, New York University, 2010.

[94] Regibeau P. , Rochett K. The Timing of Product Introduction and the Credibility of Compatibility Decisions [J]. International Journal of Industrial Or-

ganization, 1996 (14).

[95] Rochet, Jean – Charles, Jean Tirole. Platform Competition in Two – Sided Markets [J]. Journal of the European Economics Association, 2003 (1).

[96] Rochet, J. – C. , Stole, L. Nonlinear pricing with random participation [J]. Review of Economic Studies, 2002 (69).

[97] Rochet, Jean – Charles, Jean Tirole. Two – Sided Markets: A Progress Report [J]. RAND Journal of Economics, 2006 (37).

[98] Ruebee K C. Network Externalities and Standardization: AClassroorm Demonstration [J]. Southern Eeonome Joumal, 2003 (69).

[99] Schilling, Melissa. Winning the Standards Race: Building Installed Base and the Availability of Complementary Goods [J]. European Management Journal, 1999 (17).

[100] Schilling, Melissa. Winning the Standards Race: Building Installed Base and the Availability of Complementary Goods [J]. European Management Journal, 1999 (17).

[101] Schumpeter J. History of Economic Analysis [M]. New York: Oxford University Press, 1954.

[102] Segal, I. R. Contracting with externalities [J]. Quarterly Journal of Economics, 1999 (114).

[103] Shaffer, G. , Zhang, Z. J. Competitive coupon targeting, Marketing Science, 1995: Vol. 14.

[104] Shaffer, G. , Zhang, Z. J. Competitive coupon targeting [J]. Marketing Science 1995 (14).

[105] Shy O. The Economics of Network Industries [M]. London Cambridge University Press, 2001.

[106] Stigler, G. A Theory of Price [M]. Macmillan, New York, 1987.

[107] Sundarajan, A. Managing Digital Piracy: Prieing, Protection, welfare [Z]. working paper, Stern School of Business, Newyork University, 2003.

［108］Takanori Ida. Bottleneck. Monopolies and Network Externalities in Network Industries［M］. Introduction to Network Economics，2004.

［109］Takanori Ida. Bottleneck Monopolies and Network Externalities in Network Industries［M］. Introduction to Network Economics，2004.

［110］W. G. Shepherd. Market Structure and Profit，Market Power and Cournot：A Comment［J］Review of Industrial Organization，2000（16）.

［111］Whinsto，M. D. tying，forecIosure and exelusion［J］. American Economics Review，1990（80）.

［112］Willig，Robert. Multiproduct Technology and Market Structure［J］. American Economic Review，1979（69）.

［113］步欣. 商务部公布审查可口可乐收购汇源细节［J］. 国际商报，2009（3）.

［114］陈柳钦. 包容性增长：中国经济从量变向质变切换［J］. 南京财经大学学报，2011（1）.

［115］程成，李桂锋，何永贵. 基于伯川德模式的发电企业价格博弈分析［J］. 华北电力大学学报，2007（7）.

［116］程成，李桂锋，何永贵. 基于伯川德模型的发电企业价格博弈分析［J］. 华北电力大学学报，2007（7）.

［117］程成. 基于博弈论的发电厂商市场力分析与抑制对策研究［D］. 华北电力大学（河北）硕士论文，2007.

［118］程贵孙，陈宏民，孙武军. 具有网络外部性特征的企业兼并模式选择［J］. 经济学（季刊），2006（14）.

［119］程贵孙，陈宏民，孙武军. 网络外部性与企业纵向兼并分析［J］. 中国管理科学，2005（13）.

［120］程贵孙. 基于双边市场理论的传媒产业运行机制与竞争规制研究［D］. 上海交通大学博士论文，2007.

［121］邓伟根. 产业经济：结构与组织［M］. 济南：暨南大学出版社，1990.

[122] 邓伟根. 产业经济学研究 [M]. 北京：经济管理出版社，2001.

[123] 付晓璐. 基于产品黏性的互联网盈利模式创新 [D]. 京邮电大学硕士论文，2011.

[124] 傅瑜. 网络效应下互联网企业竞争策略的争论与整合 [J]. 科技管理研究，2013（6）.

[125] 傅瑜. 中国电子商务平台缘何超越国际巨头——C2C 双边市场的中国模式 [J]. 国际经贸探索，2012（6）.

[126] 干春晖，钮继新. 网络信息产品的定价模式 [J]. 中国工业经济，2003（5）.

[127] 葛晋，赵丽娅. 廊坊高新技术产业投融资对策研究 [J]. 经济论坛，2009（10）.

[128] 骨莉，陈宏民，潘小军. 消费者多方持有行为与厂商的兼容性选择 [J]. 世界经济，2006（12）.

[129] 顾成彦，胡汉辉. 捆绑销售理论研究评述 [J]. 经济学动态，2008（8）.

[130] 郭敏. 从信息产品的微观经济特性看其定价策略 [J]. 产业与科技论坛，2007（10）.

[131] 何广涛，阙光辉，蒋靖浩. 网络扩展中的合谋与信号发送 [J]. 世界经济，2004（12）.

[132] 胡志兵. 互联网生产和消费三个模式的微观研究 [D]. 北京邮电大学博士论文，2008.

[133] 黄纯纯. 网络产业组织理论的历史、发展和局限 [J]. 经济研究，2011（4）.

[134] 蒋传海，杨渭文. 互补产品、捆绑销售和市场竞争 [C]. 产业组织前沿问题国际研讨会会议文集，2011.

[135] 蒋传海. 网络效应、转移成本和竞争性价格歧视 [J]. 经济研究，2010.（5）.

[136] 金俊镐. 中韩反垄断法中企业合并制度的比较研究 [D]. 华东

政法大学博士论文，2010.

[137] 金英姬，韩鹏，高宇，侯树斌．基于人力资本理论农民增收问题研究［J］．经济师，2011（5）．

[138] 金英姬，宋玉霞，陈艳．基于人力资本背景下民工荒问题的对策建议［J］．商业经济，2011（5）．

[139] 李怀，高良谋．新经济的冲击与竞争性垄断市场结构的出现——观察微软案例的一个理论框架［J］．经济研究，2001（10）．

[140] 李慧颖，董笃笃，卢鼎亮．互联网信息服务产业中相关产品市场的界定［J］．电子知识产权，2012（4）．

[141] 李克克，陈宏民．PC软件产品竞争性升级的定价研究［J］．管理科学学报2006（9）．

[142] 李泉，陈宏民．基于双边市场框架的软件产业若干问题研究［J］．经济学（季刊）2009（8）．

[143] 李昕．网络技术与伦理道德［J］．陕西行政学院学报，2009（8）．

[144] 李转转，姜橙，于丽娜．探析第三方支付平台支付宝［J］．商情（教育经济研究），2008（3）．

[145] 刘茂红．基于市场绩效的中国互联网产业良性发展实证研究［J］．科技创业月刊，2011（7）．

[146] 刘茂红．中国互联网产业组织实证研究［D］．武汉大学博士论文，2011.

[147] 刘蓉娜．质量因素影响下的双边市场平台均衡分析［D］．重庆大学硕士论文，2010.

[148] 刘维．中国鸡产业的产业经济学分析［D］．山东农业大学博士论文，2007.

[149] 刘晓东．行政区竞争与产业极化扩散［J］．制度经济学研究，2005（10）．

[150] 刘晓东．知识产权与软件产业市场结构［D］．浙江大学博士论

文，2005.

[151] 刘远震. 软件产业的垄断与政府对策 [D]. 广西大学硕士论文，2004.

[152] 鲁文龙，陈宏民. 产品差异化与企业兼容性选择 [J]. 华中科技大学学报，2003（12）.

[153] 吕森宝. 浅谈我国电解铝工业集中度 [J]. 轻金属，2006（4）.

[154] 马洪达.《反垄断法》中"经营者集中"量化标准研究 [D]. 北京交通大学硕士论文，2010.

[155] 缪谦. 网络信息产品定价研究 [D]. 西南财经大学硕士论文，2007.

[156] 慕亚平，肖小月. 我国反垄断法中经营者集中审查制度探析 [J]. 学术研究，2010（4）.

[157] 欧阳毅. CDGZW营销策略 [D]. 四川大学硕士论文，2003.

[158] 潘小军，陈宏民，胥莉. 基于网络外部性的产品升级与兼容选择分析 [J]. 系统工程理论方法应用，2006（15）.

[159] 戚聿东. 关于垄断成因的系统分析 [J]. 北京市经济管理干部学院学报，2000（3）.

[160] 钱志新. 产业金融 [M]. 江苏：江苏人民出版社，2010.

[161] 秦铭，杨春德，王建忠. 我国电信行业企业间价格博弈分析 [J]. 价值工程，2005（2）.

[162] 曲创，杨超，臧旭恒. 双边市场下大型零售商的竞争策略研究 [J]. 中国工业经济，2009（7）.

[163] 曲振涛，周正，周方召. 网络外部性下的电子商务平台竞争与规制——基于双边市场理论的研究 [J]. 中国工业经济，2010（4）.

[164] 阙光辉. 网络扩展激励研究：以输电网络为例 [J]. 经济研究，2004（1）.

[165] [法] 让·泰勒尔. 产业组织理论 [M]. 北京：中国人民大学出版社，1997.

[166] 任峰, 李垣. 决策主体、创新策略对技术创新影响的实证分析 [J]. 预测, 2003 (3).

[167] 任劲喆, 孙秋碧. 基于网络效应的高新技术产业技术标准形成机制研究 [J]. 科技管理研究, 2010 (6).

[168] 茹西芳. 由资源到资本——论人力资本 [J]. 商场现代化, 2011 (7).

[169] 申明浩, 隋广军. 高科技创业环境与区域发展循环悖论 [J]. 科研管理, 2005 (12).

[170] 申琰. 互联网的国际博弈与合作研究 [J]. 中共中央党校博士论文, 2009.

[171] 石磊, 马士国. 网络外部效应对产业投资的影响: 以电信业为例 [J]. 数量经济技术经济研究, 2006 (7).

[172] 史晋川, 刘晓东. 软件市场结构与知识产权最优保护 [C]. 2005年中国法经济学论坛会议论文集, 2005.

[173] 史晋川, 刘晓东. 网络外部性、商业模式与PC市场结构 [J]. 经济研究, 2005 (3).

[174] 帅旭, 陈宏民. 具有网络外部性的产品兼容性决策分析 [J]. 管理工程学报, 2004 (1).

[175] 帅旭, 陈宏民. 网络外部性、转移成本与企业兼容性选择 [J]. 系统工程理论与实践, 2003 (9).

[176] 宋向东. 美国因特网现状及与我国的差距（上）美国互联网应用全球领先发展模式值得借鉴 [J]. 通信世界, 2008 (8).

[177] 孙大珩. 互联网企业成功因素分析 [D]. 上海交通大学硕士论文, 2010.

[178] 孙永斌. 信息技术对企业边界的影响探析 [D]. 中国海洋大学硕士论文, 2010.

[179] 覃永. 企业持续性竞争优势本源的探讨 [J]. 现代商业, 2007 (6).

[180] [加] 唐·泰普斯科特, [英] 安东尼·D·威廉姆斯. 维基经济学 [M]. 中国青年出版社, 2012.

[181] 汪雄剑. 具有网络效应的产品的价格竞争分析 [J]. 数量经济技术经济研究, 2005 (9).

[182] 王国才, 陶鹏德. 网络产品差异化竞争, 市场均衡与价格歧视研究 [J]. 系统工程学报, 2008 (23).

[183] 王国才, 王希凤. 基于网络外部性的产品纵向差异竞争与市场结构研究 [J]. 数量经济技术经济研究, 2005 (5).

[184] 王国才, 朱道立. 网络经济下企业兼容性选择与用户锁定策略研究 [J]. 中国管理科学, 2004 (6).

[185] 王卫东. 基于消费者效用的信息产品定价分析 [D]. 电子科技大学硕士论文, 2004.

[186] 王学斌, 赵波, 寇宗来, 石磊. 失之东隅、收之桑榆: 双边市场中的银行卡组织 [J]. 经济学 (季刊), 2006 (6).

[187] 翁轶丛. 基于网络外部性的企业兼并行为研究 [J]. 上海交通大学, 2002.

[188] 吴昊. 网络外部性市场后入者的进入壁垒研究 [J]. 世界经济情况, 2007 (3).

[189] 吴韬. 互联网行业反垄断案件中的相关市场界定: 美国的经验与启示 [J]. 电子知识产权, 2011 (5).

[190] 吴绪亮. 纵向市场结构与买方抗衡势力研究 [D]. 东北财经大学博士论文, 2009.

[191] 武帅. 中国互联网风云 16 年 [M]. 北京: 机械工业出版社, 2011.

[192] 奚国华. 维护文明健康网络环境 服务信息安全保障体系 [J]. 信息网络安全, 2010 (9).

[193] 夏大慰, 王步芳. 微软案中的新奥地利学派思想分析 [J]. 经济管理, 2003 (8).

[194] 夏大慰, 熊红星. 网络效应、消费偏好与标准竞争 [J]. 中国工业经济, 2005 (5).

[195] 鲜于波, 陈平. 网络外部性下标准转换的 CA 建模研究 [J]. 管理评论, 2009 (21).

[196] 项立刚. 美国互联网也是免费的吗? [J]. 通信世界, 2006 (3).

[197] 谢文. 中国为什么没出 FACEBOOK [M]. 江苏: 凤凰出版社, 2012.

[198] 辛馨. 信息化条件下基于技术创新的产业组织演进 [J]. 南京财经大学硕士论文, 2007.

[199] 胥莉, 陈宏民. 具有网络外部性特征的企业定价策略研究 [J]. 管理科学学报, 2006 (6).

[200] 徐细雄, 万迪昉, 梁巧转. 技术创新策略与创新战略动机关系的若干命题 [J]. 科学学研究, 2005 (12).

[201] 许彦彬. 我国农村服务性消费市场供给分析及政策性建议 [J]. 全国商情经济理论研究, 2008 (8).

[202] 杨蕙馨, 李峰, 吴炜峰. 互联网条件下企业边界及其战略选择 [J]. 中国工业经济, 2008 (11).

[203] 杨蕙馨, 吴炜峰. 用户基础、网络分享与企业边界决定 [J]. 中国工业经济, 2009 (8).

[204] 杨剑侠, 司有和, 孙兴征. 网络信息商品的定制化捆绑定价策略 [J]. 经济学 (季刊), 2004 (3).

[205] 杨晓莉. 人力资本对一国进出口贸易结构的影响 [J]. 现代经济信息, 2009 (9).

[206] 杨永聪, 申明浩. 增强广东省企业创新能力的价费政策研究 [J]. 市场经济与价格, 2010 (12).

[207] 姚林青, 杨文. 双边市场下数字出版产业赢利模式 [J]. 新闻界, 2012 (7).

[208] 于守洵. 基于营销工程理论下的移动通信企业市场营销策略研

究［D］. 沈阳工业大学硕士论文，2007.

［209］袁碧华. 论有限责任的扩张［D］. 西南政法大学博士论文，2008.

［210］岳芃. 中国大众传媒产业的经济绩效分析［D］. 西北大学博士论文，2009.

［211］岳中刚. 双边市场的定价策略及反垄断问题研究［J］. 财经问题研究，2006（8）.

［212］臧旭恒，尹莉. 美国现行反垄断法对软件产业的适用性探析. 中国工业经济，2005（5）.

［213］张金艳，杨永聪. 瑞典碳税对产业结构水平影响的实证分析［J］. 战略决策研究，2011（3）.

［214］张丽芳. 网络产业的市场结构、竞争策略与公共政策研究［D］. 厦门大学博士论文，2008.

［215］张铭洪. 网络经济下的市场竞争策略与政府政策研究［D］. 厦门大学博士论文，2011.

［216］张晓明，夏大慰. 开放平台与所有权平台的竞争：网络效应与策略选择［J］. 中国工业经济，2006（12）.

［217］张新华. 电力市场中发电市场结构与企业竞价行为研究［D］. 重庆大学博士论文，2004.

［218］张新香，胡立君. 数据业务时代我国移动通信产业链整合模式及绩效研究［J］. 中国工业经济，2010（6）.

［219］赵革. 中国社区型银行的制度分析［D］. 天津财经大学博士论文，2008.

［220］赵红英，谢惠玲，胡汉辉. 双边市场视角下的商业地产定价和竞争策略分析［J］. 云梦学刊，2010（7）.

［221］郑剑峰. 网络产业的市场结构、竞争策略与政府规制研究［D］. 北京邮电大学博士论文，2010.

［222］仲伟俊等. 民营科技企业的技术创新战略与政策选择［M］. 北

京：科学出版社，2005.

［223］周海英．港口物流与珠海经济增长关系分析［J］．特区经济，2012（4）.

［224］周红光．基于双边市场理论的企业定价策略研究［D］．湘潭大学硕士论文，2008.

［225］周吟吟．外资并购行为的反垄断法律研究［J］．湖北行政学院学报，2009（12）.

［226］周正．基于双边市场理论的电子商务平台竞争规制研究［D］．东北财经大学博士论文，2010.

［227］朱德进．现代网络技术与企业边界决定［C］．2011年产业组织前沿问题国际研讨会会议文集，2011.

［228］朱涛，郭志伟．基于双边市场理论的北京市物流信息服务平台收费定价问题探讨［J］．物流科技，2012（9）.

［229］朱彤．外部性、网络外部性与网络效应［J］．经济理论与经济管理，2001（12）.

［230］庄子银．南方模仿、企业家精神和长期增长［J］．经济研究，2003（1）.

［231］左静．基于网络外部性的企业纵向兼并模型及其规制研究［J］．消费导刊，2009（8）.

跋：时空之变，未来已来

时势造英雄，英雄造时势

科技改变世界，改变的不仅是人们的生活生产方式，还改变了一国的经济结构和经济增长方式，更在改变着世界格局。互联网在中国高速崛起的20年可总结为三个阶段：

第一阶段是PC互联网时代。美国是互联网的中心，以基础技术驱动了全球互联网革命。中国互联网的诞生与发展主要是将美国先进的商业模式本土化，凭借对中国文化和消费者的深刻理解，成功阻击MSN、伊贝等国际巨头竞争，成就了BAT。此阶段的成功要素有两个，一是互联网网民从无到有的人口红利，二是互联网产业属性网络效应的作用使然。网络效应背后的经济学原理是需求方规模经济，使用者获得的效用随使用者人数的增加而增长；同时互联网产业供给方的规模经济突破了传统资源约束；双重规模经济形成协同效应，最终形成了赢者通吃、单寡头竞争性垄断的市场结构；这也是互联网产业只有第一没有第二的本质原因。

第二阶段是移动互联网时代。每一次连接方式的改变，都伴随着人口红利和技术创新的红利。智能手机与4G网络的普及，不仅改变了人们使用互联网的方式，也改变了资源配置的方式。手机网民迎来爆发式增长，手机成为可与每个用户直接互动的客户端，个性化需求的满足成为可能；LBS、二维码等技术应用，共享经济产品化成为可能；今日头条、滴滴、美团等独角兽企业随之诞生。此阶段的成功要素是"手机网民的人口红利"和"基于消费者需求的商业模式创新"。移动互联网时代中国互联网产业已和美国同步，移动支付、共享经济等更在引领世界潮流。

第三阶段是"互联网+""智能+"时代。经过PC互联网、移动互联网两个阶段，深刻影响并改变了消费者获取信息的方式与购物习惯；原先助力传统企业成功的"产品、渠道、品牌"三板斧现已失效；在网购、移动支付、共享经济等新业态冲击下，传统企业出现整体市场增长，自身业绩下滑的态势；不论在传统行业内如何细分市场，都是高度的红海竞争，难以解决企业利润增长点的问题；因此，互联网驱动的消费端进化正倒逼传统企业进入利用互联网降本增效、通过"跨界创"新探求新利润增长点的"互联网+"时代。从产业端看，改革开放红利、人口红利、城镇化红利用尽后，中国经济从高速增长阶段进入高质量发展阶段，以科技创新的新动能促进产业结构调整和供给侧改革，2015年李克强总理提出双创的"互联网+"方式，2018年提出"智能+"方式；科技部进行了百度无人驾驶、阿里智慧城市、腾讯智慧医疗、科大讯飞语音识别的人工智能关键技术与基础性研究布局，中国产业进入"智能+"时代。此阶段，互联网寡头构建网络生态，将网络基础设施、技术、算法等资源开放共享给全产业；传统行业龙头利用互联网技术构建行业生态，将行业供应链、金融等资源共享给相关行业；各生态圈之间既跨界竞争，又资源共享，形成生态的重塑与竞合态势；同时，科技日新月异，使创业团队或中小企业乃至个人在垂直领域创业创新的机会永远存在，借助科技与生态圈的力量，项目孵化与裂变的速度也将前所未有；全球经济一体化，更为越来越多的产业提供了巨大的市场空间。未来的竞争是生态圈之间的竞争，商业模式创新对生态圈构建的重要性随之提升。此阶段的成功要素是"科技创新"与"商业模式创新"。

需要搞清楚两个关系，一是"科技创新"与"商业模式创新"的关系；二是"互联网+"与"智能+"的关系。科技创新是商业模式创新的基础，商业模式创新是科技创新的转化路径。人工智能的核心是大数据和深度学习算法，但传统行业的信息化程度都不高，更谈不上行业数据积累，"互联网+"是帮助传统企业IT升级，形成产业数据的必要条件，"互联网+"是"智能+"的数据基础。

揭示互联网产业发展规律和互联网经济本质对"互联网+"商业模式创新及产业重塑有至关重要的意义，也是本书撰写的初心，故此书命名为《零距离时代——互联网商业模式变革与产业生态重塑》。

生逢其时，感恩时代

我于2000年触网；幸于2005年加入腾讯战略发展部，参与并见证了腾讯5年战略规划的制定与实施，包括以QQ用户为核心的各版块布局与协同；为用户提供一站式在线生活方式的企业愿景制定；阻击MSN的策略制定；以用户为中心的增值服务的开发；多元化盈利模式的落地；大数据平台构建与BI应用等；2015年成为"传统企业+互联网"的先行实践者，操盘怡亚通供应链有限公司的"供应链+互联网"项目（此项目被评为全国产业互联网Top30），为房地产、大健康、物流、供应链等不同行业、不同公司提供"互联网+"战略咨询服务。一言以蔽之就是立志于创新商业模式，用科技解决消费端、生产端、产业端的问题。

"互联网+"实践中，观察和体会良多。资本催生的O2O模式几乎全军覆没，传统企业的"互联网+"之路历经坎坷，分享我看到的"互联网+"九大陷阱：

（1）为了"+互联网"而"+互联网"，缺少必要的顶层设计和商业模式构建。

（2）将"+互联网"简单直接地理解为销售渠道的电商或营销渠道的微信公众号；为电商而电商，为公众号而公众号，导致电商不盈利，公众号成"僵尸"号。

（3）盲目创新，迎合媒体或风投口中的风口论，脱离企业主营业务而做互联网，生生把企业转型做成了企业转行；没有传统资源积累的支撑，终以失败告终。

（4）没有盈利模式，没有自我造血能力，资金持续投入的压力巨大，主营业务业绩不理想时，资金将难以持续支撑新项目，终以停止运营告终。

（5）盲目烧钱，大量资金投入大促活动和广告；但依靠补贴烧出来的流量，用户转化率低，且转化用户黏性差，一次性用户居多，停止补贴，用户流失。

（6）"互联网产品"的认知缺失，误认为"做互联网产品"就是"做IT系统"，用户体验差，用户流失率高。

（7）"互联网运营"认知缺失，没有"用户运营"和"数字化运营"的概念和方法，互联网产品的运营优势和效率均无法体现。

（8）组织内部对于创新项目的利益分配机制未形成妥善的制度安排，组织协同效率低，资源整合难度大，新模式落地风险大。

（9）互联网企业与传统企业的成功路径、企业文化均不同，传统企业家往往存在路径依赖；尊重专业、文化融合，人才激励等问题都是在"＋互联网"进程中有待解决的基础性问题。

市场乱象背后，需要反思的是"为什么＋互联网"，不仅是政策导向，不仅是资本市场热炒，真正的价值在于用科技的手段解决企业的规模、效率和新利润增长点的问题。需要深思的是"如何＋互联网"，审慎评估企业所拥有的、能整合连接的资源及面临的主要矛盾后，再决断在适当的时间、以适当的模式、适当的方式、适当的投入，用科技与商业模式创新解决问题。

本书基于傅瑜博士论文，旨在澄清社会上对于互联网产业规律似是而非的观点，揭示互联网经济的本质，互联网商业模式创新和产业生态重塑的策略，并以案例的方式辅以解读，初稿于2013年基本完成，后多次修改，历经5年的实践检验，无数的商业实践印证了本书的观点和结论，颇感欣慰，知道书中的理论观点经得起时间的检验，本书的出版当不会贻笑大方。

仰之弥高，钻之弥坚

零距离时代的开启，国际化成为企业不可忽视的战略，故需要聘请经济学家进行全局的、系统的、长期的宏观经济形势研判，科研也成为企业战略思考的起点；阿里首席战略官曾鸣，蚂蚁金服的首席战略官陈龙，恒大的首席经济学家任泽平均学者出身，有深厚的经济学功底；学界与企业界的跨界融合也成新时代下组织的一个创新。本书的另一作者申明浩教授在公司治理、国际贸易、网络经济、粤港澳湾区等领域有长期深入的研究，本书的两位作者分别来自企业界和学界，书籍撰写融合了不同领域的思维模式与研究方法，望带给产业互联网从业者及感兴趣者更多启发与思考。

世间万物，永恒不变的就是变化；商业世界，唯一确定的就是不确定。祝愿并期待中国企业家与创业家穷尽创新精神，拥抱这种变化和不确定，不断创造新商业，重塑产业生态。

傅 瑜
2018 年 1 月